Für Fanny & Horst

Anna Gruber

Entschärft

Eine frauenbewegte Lebensreise

Bibliografische Information der Deutschen Nationalbibliothek:
Die Deutsche Nationalbibliothek verzeichnet diese Publikation in der
Deutschen Nationalbibliografie; detaillierte bibliografische Daten
sind im Internet über http://dnb.dnb.de abrufbar.

© 2018 Anna Gruber

Herstellung und Verlag: BoD – Books on Demand, Norderstedt

ISBN: 978-3-7481-4044-3

Prolog

Ich bin ein Mauerblümchen. Ich bin ein Flüchtlingskind. Meine feuerroten Haare unterscheiden mich von meinen Altersgenossinnen. Mein Gesicht, meine Arme, meine Beine, meine Schultern sind über und über mit Sommersprossen bedeckt. Später bleicht »Schwanenweiß« die braunen Flecken im Gesicht. Braun gebrannt zu sein ist in. Ich bin weiß-blass. »Eine hässliche Tochter ist eine Strafe«, höre ich eine Wohnungsinhaberin zu meiner Mutter sagen. Ich bin elf Jahre. Der Satz bleibt haften. In der Kindheit verfolgen mich Jungens mit Sprüchen wie: »Rotfuchs, die Hecke brennt, die Feuerwehr kommt angerennt« oder »Schon wieder ein Fuchs und keine Flinte«. Besonders schlimm empfinde ich: »Rote Haare, Sommersprossen, sind des Teufels Volksgenossen«. Worte wie Flüchtlingspack oder Polakken lasse ich nicht an mich heran. Ich fühle mich nicht so. Später trägt der aus der Kriegsgefangenschaft heimgekehrte Vater auch dazu bei, dass ich mich hässlich finde: An einem Rosenmontag wage ich es, meine langen Haare offen zu tragen. »Du siehst aus wie eine Hure«, schreit er mit leichenblassem Gesicht. Ich weiß zu diesem Zeitpunkt nicht, was eine Hure ist. Ich begreife jedoch, dass das nichts Gutes bedeutet. Viel später frage ich mich, wovor der Vater Angst hatte. Eine Frage, die ich mir bei der Begegnung mit Männern später noch oft stellen werde. Das sind die Botschaften, die meine Kindheit begleiten: hässlich, Hexe und Hure.

Oktober 2016

Ich bin 77 Jahre alt. Ich bin mit Manfred auf dem Bauernhof meines Sohnes Nicolas. Eigentlich sind es zwei Bauernhöfe, die der Sohn für die Familie gekauft hat. Ich durfte sie »Gütchen« taufen. Die Höfe stammen aus den Jahren 1740-1745. Es sind Fachwerkbauten. Die umgebaute Scheune bewohnen mein Mann und ich als Ferienhaus. Ein Streuobsthof. Apfelernte und Apfelpressen sind angesagt. Der Hof produziert Apfelprodukte für den Eigenbedarf. Viel Arbeit. Äpfel aufsammeln, sie in Säcke füllen, in die Remise transportieren, auf den Hänger des Landrovers heben, zum Entsaften fahren und dort auf die Bänder kippen und aussortieren, die Kartons mit Apfelsaft wieder auf Hänger hieven, auf den Hof in den Lagerraum transportieren, dort einordnen. Manfred und Anna bekommen Hilfe von den Nachbarn. Der Sohn ist mit seinen Führungskräften auf einer kleinen Reise. Hinzu kommen kochen, backen, mit Freunden ein Apfelfest feiern und dabei noch einmal Apfelbäume schütteln und die Äpfel auflesen. 2,2 Tonnen Äpfel sind das Ergebnis: Goldparmäne, Sternrenette, Weißer Winter-Glockenapfel, Rheinischer Winterrambur, Jakob Lehel, Boskop, Prinzenapfel und viele andere sehr alte Sorten. Viel zu viele in diesem Jahr 2016. Die Bäume sind immer noch voll. Walnüsse und Maronen warten auch darauf, geerntet zu werden. Freunde machen einen Besuch. Es ist noch Zeit für Diskussionen über die Flüchtlingsproblematik in unserem Land. Viel Einigkeit. In welchem Deutschland werden unsere Enkel leben? Eine Enkelin berichtet über ein Projekt in ihrer Schule. Erzählt von dem Spalt, der durch sie geht. Angst und Mitleiden. Erfülltes Alter für meinen Mann und mich.

Kindheit

Seit Wochen denke ich über mein Leben nach, versuche, meine Geschichte zu schreiben. Viele Berg- und Talfahrten. Abgründe, Trauer, Euphorie, Glück, Katastrophen. Das macht das Schreiben nicht leichter. Meine Kindheit: Geboren werde ich in Ostpreußen. Dort heißen alle Annchen, Lenchen, Trudchen, Mariechen, Hildchen. Ich werde Anna getauft, Annchen also. Ostpreußen verniedlichen gerne. Im Februar 1938 komme ich in einer Kleinstadt am Rande von Ostpreußen zur Welt. Eine Hausgeburt. Ich bekomme die Namen Anna, Gertraud Gruber. Sowohl Gertraud als auch Gruber erinnern an die Herkunft des Vaters aus dem Pongau im Salzburger Land. Ich bin eine schwere »Marjell«, wie Mädchen in Ostpreußen genannt wurden. »Nur« eine Marjell, das wird sich später zeigen. Ich wiege knapp über neun Pfund. Meine Kinder werden ähnlich schwer sein. Zwei Jahre später wird mein Bruder Udo geboren. Ebenfalls eine Hausgeburt. Tante Hilde erzählt folgende Geschichte: Der Vater kommt aus dem Schlafzimmer, dem Geburtsraum. »Sag Udo«, befiehlt er. »Sag Udo, sag Udo!« Ich schweige. Der Vater legt mich übers Knie und prügelt auf mich ein. »Sag

Udo!« Der Stammhalter ist geboren. Die Marjell sollte ihn gebührend empfangen. Tante Hilde nimmt mich an die Hand und geht mit mir spazieren. Lange sagt sie. Ich kann nicht aufhören zu weinen. Tante Hilde beruhigt mit den Worten, dass den Vater die Geburt des Bruders wohl sehr aufgeregt habe. Die Erzählung macht diese Nicht-Erinnerung zu einer Jahrzehnte andauernden Last für mich. Die erste eigene Erinnerung setzt zwei Jahre später ein. Ich habe mir Lust verschafft, indem ich die Beine aneinandergepresst habe. Die Eltern kommen am späten Abend nach Hause und entdecken, dass ich einen roten Kopf habe. »Davon wird man dumm«, schreit die Mutter und wieder prügelt der Vater auf mich ein. Die Angst, dass man von Selbstbefriedigung dumm wird, behalte ich bis ins Erwachsenenalter. Sexualität war für meine Generation ein Tabuthema. Wenn ich etwas nicht schaffe, ist sie sofort wieder da, die Angst, dumm zu sein. Ich bin 45 Jahre alt und mache gerade eine Zusatzausbildung zur Supervisorin. Die Lehrsupervisorin lacht schallend, als sie die Geschichte hört. Ich erzähle sie zum ersten Mal einem anderen Menschen. »Da müsste ja die ganze Menschheit dumm sein«, sagt sie. Im selben Jahr widerspreche ich meinem Vater. Ich bin zum zweiten Mal verheiratet. Wieder brüllt der Vater mit schneeweißem Gesicht: »Wie kannst du es wagen, deinem Vater zu widersprechen?« Diesmal lacht der Ehemann. Aber es gibt auch schöne Erinnerungen. Ich muß vier Jahre alt gewesen sein. Auf dem Hof hinter unserem Haus arbeitet ein »Fremdarbeiter«. Ein Franzose. Wir blicken vom Wohnzimmerfenster oft hinunter zu diesem Mann. Eines Tages gibt mein Vater mir ein Stück Brot. »Bring das dem Mann der unten arbeitet. Du mußt sagen, Voulez vous de pain. Dann gibst Du ihm das Brot.« Ich übe den mir fremden Satz einige Male. Dann steige ich die Treppen zum Hof hinunter. Ich kann meinen Satz nun, gehe auf den Mann zu, lächle und sage: »Voulez vous de pain?« Der Mann lächelt auch, nimmt das Brot und sagt: »Merci«. Ich strahle, drehe mich um und kehre zurück in die Wohnung. Ich bin stolz auf mich und glücklich. Der Vater lobt mich.

War meine Familie das, was man damals eine normale deutsche Familie nannte? Der Vater war Buchhändler, seine Ehefrau, meine Mutter, eine mithelfende, sehr tüchtige Geschäfts- und Hausfrau. Nebenbei war sie auch Mutter. Die deutschen Tugenden Pünktlichkeit, Ordnung, Fleiß und Ehrlichkeit haben mehr oder weniger mein Leben bestimmt. Die geschilderten Erlebnisse wirken wie Stempel, die mir aufgedrückt wurden. Die Farben sind immer noch schwer abzuwaschen. Mein Selbstbewusstsein ist nicht das Beste. Meine Entmündigung, vielleicht besser meine Entschärfung beginnt früh. Die Lehrsupervisorin rät mir dringend, mich von meinen Eltern zu lösen. Das kann und das will ich auch nicht.

Die Flucht

Im Jahr 1944 füllt sich seit Wochen der Marktplatz der kleinen Stadt mit immer neuen Soldaten. Schloßberg, die kleine Stadt nahe der litauischen Grenze, wird zum Auffanglager. Der Krieg scheint verloren. Im Juni sind die Alliierten in der Normandie gelandet. Dort ist auch der Vater, erzählt die Mutter voller Sorge. Anfang Juli wird die vierte Armee in einer Kesselschlacht bei Minsk von der Roten Armee vernichtend geschlagen. Es ist Anfang September. Die Wahrheit sickert langsam durch. Der Bevölkerung ist es verboten, zu fliehen. Soldaten kommen in das Geschäft der Mutter. Papier für einen Brief an die Familie, an die Liebsten zu Hause. Die Mutter teilt Formulare aus, deren Rückseite beschreibbar ist. Papier gibt es nicht mehr. Postkarten auch nicht. Die Soldaten warnen eindringlich. »Verlassen sie die Stadt, gehen sie, nehmen sie ihre Kinder und gehen sie. Die Russen stehen vor den Toren der Stadt.« Dann ein Angebot. Auf einem Fahrzeug im Laderaum ist noch Platz. Die Mutter zögert. Unentschlossen schaut sie nach draußen. Einfach alles verlassen? Eine Entscheidung treffen ohne ihren Mann? Es ist September, ein schöner Herbsttag. In einer langen, schlaflosen Nacht, entschließt sie sich, zu gehen. Einpacken, Auspacken, Zaudern, Verwerfen, Weinen. Wenig bleibt mitzunehmen. Abfahrt am nächsten Morgen, früh um fünf. Am 11. Oktober 1944 bricht die Rote Armee in die Stadt ein. Sie wird fast vollständig zerstört. Die Russen sind im

Siegesrausch. Sie töten, plündern, vergewaltigen, zerstören. Nur wenige überleben und werden nach Sibirien verschleppt. Meine kluge Mutter hat gehandelt. Verreisen, hat die Mutter gesagt. Ich erinnere mich an die Reise zum Vater in den Harz. Aus dem Zugfenster habe ich zerstörte Häuser und auf den Bahnsteigen weinende Menschen gesehen. »Wir werden ihnen schon zeigen, was eine Harke ist.« Ein Satz der Mutter, der mir Mut und Hoffnung macht. Verreisen. Der kleine Bruder kommt diesmal mit. Nur den Teddy darf ich mitnehmen. Mutter aber hat das silberne Besteck eingepackt. Ich wundere mich. Dabei soll ich doch in die Schule.

»Auf dich haben wir gerade noch gewartet Rotköpfchen«, hatte der Mann in der Schule gesagt. Wartete er nun nicht mehr? Ich habe viele Fragen im Kopf. Warum schleppt die Mutter ein dickes Federbett mit? Warum sind alle so traurig? »Wohin reisen wir denn?«, frage ich. In den Westen sagt die Mutter. Verreisen in den Westen. Ich nehme meinen Teddy. Eine Hand hat die Mutter nicht frei. Der Bruder, der Koffer, das Federbett. Ich beginne, zu weinen. Wir steigen in einen Militärtransporter. Die Soldaten rücken zusammen, damit die kleine Familie Platz findet. Erinnerungen an die Flucht sind wie Fotografien. Blitzschlagartig tauchen sie in meinem Kopf auf. Die Bilder erschrecken mich. Ich lerne, die Angst machenden fortzuscheuchen. Beharrlich kommen sie immer wieder. Ein einsames Haus. Ich biege um eine Hausecke, weinend laufe ich zur Mutter. Soldaten erschießen Menschen. »Das sind Feinde«, sagt die Mutter. Der kleine Bruder ist verschwunden. Die Mutter ist in Panik. Kopflos läuft sie hin und her, verschwindet minutenlang. Ich bin allein. Ich soll auf das Gepäck aufpassen. Die Zeit steht still. Kein Mensch ist da, den ich kenne. Es wimmelt von Menschen, Militärfahrzeugen, Soldaten, Pferdefuhrwerken, hoch beladen, weinenden Kindern. Ich habe große Angst, dass die Mutter nicht wiederkommt, mich nicht findet. Endlich wird der Bruder gefunden. Soldaten hatten ihn zwischen sich auf den Führerstand gesetzt. Das Gefühl von Verlassenheit wird ein Stück von mir. Auch heute noch taucht es immer wieder auf. Es erklärt vielleicht, warum ich in meinem späteren Leben so schwer loslassen kann. Ich kann es auch kaum ertragen, wenn ein Stuhl neben mir leer bleibt.

In Potsdam trete ich am Morgen auf die Straße und sehe nur noch zerstörte, qualmende Häuser. »Wo sind wir hier?«, frage ich. »Das ist der Krieg«, sagt die Mutter. Nach einer langen Nacht in einem stickigen Luftschutzkeller mit unentwegten Detonationen draußen, kein tröstendes Federbett. Die Mittelwand des Zimmers, in dem die Familie wohnt, ist eingefallen. Das Familienbett mit Schutt bedeckt. Bald ziehen wir weiter. Die Habseligkeiten werden eingepackt. Dann gibt es ein zufälliges Treffen mit Tante Hildchen auf einer Straße in Berlin.

»Kind, wie siehst du denn aus?«, fragt sie. Ich habe altersgemäße Zahnlücken und die Sommersprossen sind auch gewachsen. Kein hübsches kleines Mädchen mehr. Aber die Flucht wird gemeinsam fortgesetzt. Tante Hilde hat eine freie Hand für mich mitgebracht.

Irgendwo unterwegs ein Pferdestall als Schlafstätte erfüllt mit lebendigen Geräuschen. Ich habe Angst. Die Pferde sind so groß, sage ich. Aber die Mutter und Tante Hilde und das Federbett sind da. Verlässlich und warm. Unterwegs übernachten wir in Ludwigslust in einem Schafstall. Ich kann nicht aufhören zu fragen, was denn Ludwigs Lust ist. Die Mutter schweigt. Immer wenn wir heute die Autobahn nach Berlin nehmen, fällt mir diese Geschichte ein. Die Flucht endet in Havighorst in Schleswig-Holstein. Die Erinnerungen werden deutlicher. Ich bin sieben Jahre alt. Die Familie wird in Havighorst bis zu meinem elften Lebensjahr bleiben.

Der große Raum der Dorfschule ist gefüllt mit Matratzen. Auf den Matratzen liegen Menschen, dicht an dicht. Mutter, Bruder und Anna teilen sich eine. Dann werden die Menschen auf die einzelnen Höfe und Häuser im Dorf aufgeteilt. Zwangseinweisungen. Die Mutter, der Bruder und ich bleiben in der Schule und bekommen dort einen Raum. Ich bin fast acht Jahre alt, als ich eingeschult werde. Der Lehrer mag mich. Ich werde seine Lieblingsschülerin. Meiner verletzten kleinen Seele tut das gut. Ich finde so etwas wie Gleichgewicht. Das ändert sich von einem Tag auf den anderen. Plötzlich steht ein Mann in der Tür und sagt: »Ich bin euer Vater«. Die Dreieinigkeit mit Mutter und Bruder zerbricht. Sie müssen ihr Zimmer jetzt mit diesem fremden Mann teilen. Ich hasse diesen Mann. Mutter teilt ihr Bett jetzt mit ihm.

Vater

Der Vater kommt 1947 als Kriegsheimkehrer nach Havighorst. Nach Ende des Krieges 1945 landete er in kanadischer Gefangenschaft. Er hat einen Lungen- und Leberschuss und ist sehr dünn. Für mich sieht er erschreckend aus. Er wird entnazifiziert. Dafür geht er sieben Kilometer zu Fuß ins nächstgelegene Städtchen Reinfeld. Da er nicht in der Partei, sondern nur im Automobilclub der NSDAP war, ist das eine kurze Sache. Nach wieder sieben Kilometer Fußmarsch kehrt er erleichtert ins Dorf zurück. Bald wird er in einer, heute würde man das wohl Arbeitsbeschaffungmaßnahme nennen, beschäftigt. Er wird wieder nach Reinfeld beordert. Kriegsheimkehrer arbeiten dort mit Stroh. Sie kleben Kästchen. Acht Stunden täglich.

Ich bekomme ein Poesiealbum geschenkt. Es besteht aus einfacher Pappe mit einem Rücken aus Militärstoff und linierten Blättern. Die Vorderseite ist kunstvoll mit Stroh beklebt. In der Mitte prangt mein Monogramm AG. Ich bin sehr glücklich, als ich dieses Geschenk bekomme. Ich hüte es und besitze es immer noch.

Auf die letzte Seite hat mein Vater folgendes geschrieben:

Liebe Anna!

Wenn Du einst in fernen Jahren

dieses Büchlein nimmst zur Hand,

soll es Dich an den erinnern,

der Dir dieses Büchlein band.

Dein Pappi

Havighorst, den 21. August 1948

Mich berühren auch heute noch die schöne Schrift, der Text, den er wohl selbst gedichtet hat und die liebevolle Handarbeit. Als ich mich gerade an den heimgekehrten Vater gewöhnt habe, kommt plötzlich eine Tante meiner Mutter nach Havighorst und zieht auch noch in das Zimmer. Für mich wird die Situation unerträglich. Der Lehrer spürt meine Not. Ich bekomme eine kleine Mansarde unter dem Dach ganz für mich allein. Manchmal frage ich mich heute, wie das wohl auf die anderen Familienmitglieder, vor allem auch auf Tante Annchen, gewirkt haben mag. Eine Neunjährige bekommt ein Einzelzimmer. Der Lehrer lädt mich zu seinem Geburtstag ein. Ich darf die älteren Jungen im Vorflur der Schule in Rechnen unterrichten. Ich bin Linkshänderin. Das geht natürlich nicht. Ich muss mit der rechten Hand schreiben. Ich lerne es schnell. Der Lehrer lobt mich oft für meine gute Schrift. Ich kann nun mit beiden Händen schreiben. Linkshänderin bleibe ich trotzdem. Ob

Essen, Nähen, Tischdecken immer ist alles verkehrt herum. Das bleibt mir erhalten. Das Umfunktionieren hat eher Verwirrung in meinem Gehirn geschaffen. Sagt jemand rechts, zum Beispiel beim Autofahren, fahre ich prompt links. Havighorst wird zum Paradies. In meiner Mansarde kann ich lesen und träumen. Wenn ich aufwache höre ich das Gurren einer wilden Taube. Auch dem Vater komme ich langsam näher. Er besorgt Bücher von Verlagen, bei denen er vor dem Krieg Kunde war. Der Germanische Sagenborn, die Biene Maja werden zu Freunden. Manchmal liest der Vater vor dem Kanonenöfchen auch etwas vor.

Havighorst

Kleines Dorf in Schleswig-Holstein. Wenige Bauern, viele Flüchtlinge.
Besitzer: Milch-Kartoffel-Fleisch-Eier-Fahrrad-Wiesen-Kühe-Pferde-Häuser-Blumen-Gärten-Möbel-Besitzer.
Habenichtse: Das sind Vater, Mutter, Bruder und ich.
Wir haben unseren Stolz, sagt der Vater. Wir können arbeiten, sagt die Mutter. Die Mutter tut das. Ich helfe fleißig. Ährenlesen, die Ähren dreschen, das Korn rösten, in der Kaffeemühle mahlen, Brote backen, Rüben schnitzeln und Sirup einkochen, ein Schwein haben. Nachts aufstehen und zum Stall laufen: Iffi, bist Du noch da? Wurst machen, Kartoffeln auf abgeernteten Feldern suchen, Rüben verziehen, auf Pferdekoppeln

Champignons suchen, Erbsen pflücken, braches Holz sammeln für das Kanonenöfchen. Die Mutter und ich. Wir haben unseren Stolz und unsere Ehre, sagt der Vater. Als Statussymbol trägt er seine Krawatte. Der Aufgeschlippste sagen die Dorfbewohner.

Havighorst, unendliche Weite, weiß-blauer Himmel, Zäune und Jauchegruben zum Hineinfallen. Bauern mit Knüppeln, zerrissene Kleider, Vogelschießen, Umzug mit Blumenbögen, Cosmea, Astern und Rosen. Gute Schülerin, Gewittergüsse, lauwarme Pfützen, barfuß auf Stoppelfeldern. Jungensmarjell, sagt Tante Hilde und flickt wieder einmal mein Kleid. Die nachgerufenen Sprüche bleiben. »Schon wieder ein Fuchs und keine Flinte«. Ich gründe eine Mädchenbande. Jungens verprügeln. Todesmutig stürzen sich die 10-Jährigen auf die meist drei Jahre älteren, größeren und stärkeren Jungens. Es gibt blaue Flecken und vom Stürzen wunde Knie. Ich muss lernen, dass Mädchen so etwas nicht tun. Das sagt auch der geliebte Lehrer. Sittsam, bescheiden und rein. Die Entschärfung nimmt ihren Lauf.

In meinem Bauch beginnt langsam ein Topf zu wachsen. Traurigkeiten, Ärgernisse, Kümmernisse, vor allem Wut lege ich in diesem Topf ab. Der Topf hat einen fest verschlossenen Deckel. Ein Dampfdruckkochtopf. Dieser Topf wird mich bis ins hohe Erwachsenenalter begleiten. Selten merke ich, dass der Topf nun randvoll ist. Dann beginnt er zu explodieren. Der

Dampf wird abgelassen. Für die Menschen, die der Dampf trifft, kommt das oft unerwartet. Nur sehr langsam lerne ich, den Topf rechtzeitig zu leeren, das heißt die Ärgernisse, Kümmernisse und die Wut anzusprechen und mit Menschen darüber zu reden. So gibt es immer wieder Menschen, die mir dabei helfen. So sagt eine Schwiegertochter: »Du hast ja recht, aber warum so heftig.«

Vieles bleibt auf der Strecke. An regelmäßiges Hände und Gesicht waschen, sich duschen, sich baden, Zähneputzen, Finger- und Fußnagelpflege habe ich keine Erinnerung. Es gibt ein Plumpsklo auf dem Hof. Auch im Winter, im Dunklen, muss ich über diesen Hof laufen. Polen sind unterwegs und räubern, heißt es. Ich gestehe mir keine Angst zu. Ich will stark und mutig sein. Es gab wohl ein Waschbecken auf dem Flur. Gab es Baderituale am Wochenende, gab es eine Zahnbürste, Seife, Nagelfeile? Wohl kaum. Ich habe keine Erinnerung. Es gab Krätze, Flöhe, Haare scheren, Entlausungsaktionen. Stank ich? Stanken viele? Für mich bleibt Hygiene ein Leben lang ein Problem. Ich lerne mich waschen, mir mehr oder weniger regelmäßig einmal täglich die Zähne putzen, einmal in der Woche zu baden oder zu duschen. Wenn ich höre, dass Menschen sich täglich duschen, staune ich immer noch. Ich habe im Alter noch eine glatte Haut, alle Zähne, niemals Hauterkrankungen oder gar Neurodermitis. Wie viel an Hygieneritualen habe ich an meine Kinder weiter gegeben? Gab es Ermahnungen? »Hast du deine Zähne schon geputzt, wasch dir die Hände.« Wahrscheinlich. Ich wollte eine gute Mutter sein. Später wundere ich mich über die Zahnputz- und Waschrituale der beiden Knaben. Irgendwo müssen sie das ja her haben. Der Älteste studiert neben Humanmedizin auch noch Zahnmedizin. Er tröstet mich, tägliches Zähneputzen kann durchaus genügen, wenn du es gründlich machst.

Es gibt noch ein einschneidendes Erlebnis in meinem jungen Leben. Ich bin acht Jahre alt, als der Lehrer einen Film ankündigt. Die Fenster werden verdunkelt, eine Maschine wird hereingebracht. Der Lehrer sagt etwas von großer Schuld. Der Film beginnt. Ich begreife nicht. Menschen mit großen Augen und sehr dünn. Der Vater sah ähnlich aus, als er aus dem Krieg nach Hause kam. Viele Menschen auf einem Berg übereinandergelegt. Was ist mit ihnen? Sie sind ermordet worden, sagt der Lehrer, von uns, den Deutschen. Das Gedächtnis ist gnädig. Es packt nach hinten. Trotzdem bleiben Bilder im Kopf. Ich lerne weiter, solche Bilder zu verscheuchen. Leichter Kopfnebel macht sich breit. Das wird ein Leben lang meine Strategie bleiben. Ich verdränge, lege beiseite. Mein Kopf will sich nicht erinnern. Vielleicht rettet mich das vor Depressionen.

Auch ich, Lieblingsschülerin des Lehrers, muss in der Ecke stehen. Ich habe mit einer Banknachbarin geschwätzt. Der Lehrer schlägt mit einem Rohrstock quer über die Hände. Auch wenn man nicht zuhörte, gab es diese Strafe. Jungen werden härter bestraft. Die ganze Klasse muss ansehen, wie der Lehrer den Bruder auffordert, seine Hose herunterzulassen. Der Rohrstock fährt fünfmal über sein Hinterteil. Bei leichteren Vergehen darf die Hose angelassen werden. Abschreiben, vergessene Hausaufgaben, Prügeleien, Unaufmerksamkeiten und Aufsässigkeiten werden so geahndet. Regelmäßige Prügelstrafe in der Familie gab es nicht. Es gab die cholerischen Ausbrüche des Vaters. Die Mutter verteilt hin und wieder Backpfeifen. Sie droht auch, den Gashahn aufzudrehen, wenn die Kinder nicht parieren.

Und ich? Als sehr junge Mutter und vor meinem Studium verpasse ich manchmal eine Ohrfeige. Wie oft? Mein Gedächtnis hat gelernt, beiseitezulegen.

1950 - Nordrhein-Westfalen

Als ich elf Jahre alt bin, geht der Vater ins Rheinland. Er wird dort mit einem Verwandten ein Geschäft eröffnen. Die Familie soll später folgen. Die Währungsreform verändert Deutschland. Es gibt Kopfgeld. 40 Mark für den Vater, 40 Mark für die Mutter, 40 Mark für mich, 40 Mark für den Bruder. Jetzt haben alle gleichviel Geld, sagt die Mutter. Aber manche haben doch Pferde, Kühe und Häuser, sage ich. Geld haben jetzt alle gleichviel, sagt der Vater. Ein tröstlicher Gedanke. Ich habe Zweifel. Nachdem der Vater mit einem Onkel das geplante Geschäft eröffnet hat, wird die Familie nach Holderberg, in ein kleines Dorf am Niederrhein ziehen. Sie werden für eine Übergangszeit bei den Großeltern wohnen. In Havighorst habe ich die Mutter für ein paar Monate jetzt wieder ganz für mich. Brombeeren sammeln und Marmelade kochen, Klopse aus Kornschrot braten und essen. Im Bett kuscheln. Briefe an den Vater schreiben. Ein Kleid für den Westen bekommen, von Tante Hilde genäht aus einer alten Gardine. In den Westen ziehen zu Oma und Opa, Tante, Onkel und den Kusinen. Die Mutter freut sich so. Der Abschied fällt mir nicht schwer. Während der Flucht habe ich so viele Abschiede überstehen müssen. Mobilität und Flexibilität habe ich gelernt. Das wird mich mein Leben lang begleiten. Eine lange Zugfahrt und viel Neugier. Ein Abenteuer.

Immer noch das Jahr 1950

Ein Dorf im Rheinland. Holderberg. Wieder ein Zimmer. Ein ehemaliger Gastraum für Großmutter, Großvater, Mutter, Vater, den Bruder und mich. »Es riecht noch nach Bier«, sagt der Großvater. »Das geht auch nicht weg«. Für mich beginnt eine gute Zeit. Mit Großmutter Senfgurken einlegen. In Salizyl eingelegt, sagt die Mutter vorwurfsvoll. Klopse, Eingelegtes und Eingemachtes, Kochen mit Großmutter Klärchen. Gesunde Ernährung war für die Mutter offensichtlich schon 1950 ein Thema. Mauscheln, Sechsundsechzig, das große Los. Spielen mit den Großeltern und ein paar Pfennige gewinnen. An Großmutters Geburtstag alle um einen Tisch. Streuselkuchen und Blümchenkaffee und spielen, spielen, spielen. Spielen wird ein Leben lang für mich eine Leidenschaft bleiben. Scrabble und Doppelkopf.

»Schmackostern, Schmackostern, sechs Eier, Stück Speck, sonst geh ich nicht weg.« Am Ostermorgen klopft die Großmutter mit einer Rute auf meine Ecke des Bettes. Danach gibt es Ostereier. Vielliebchen-Essen in der Adventszeit. Wenn eine Haselnuss zwei Kerne hat, darf sich jeder etwas wünschen. Was habe ich mir gewünscht? Ich weiß es nicht mehr. Der Großvater, ein alter Dorfschullehrer, erklärt mir die Welt. Er bringt mir Stopfen wie gestrickt bei. Er meldet mich in der Schule an. Ich bin jetzt fast zwölf Jahre alt. »Ich glaube, sie ist eine Kluge«, sagt er stolz zum Kollegen. »Wir werden sehen«, erwidert der. Später beim Kopfrechnen staunt er. »So muss es gehen«, erklärt er den anderen Kindern. Ich bin das geliebte, älteste Enkelkind. Ich habe viel gelernt in diesen Monaten. Dass ich etwas wert bin, hat mir der geliebte Lehrer schon beigebracht. Hier festigt es sich. Im Jahr 1951 ziehen wir weiter. Nach Homberg am Niederrhein, einer Kleinstadt. Wir bekommen ein Zimmer bei einer Familie mit einer 3-Zimmer-Wohnung. Natürlich sind wir unerwünscht. Die Verwandten wohnen in einem großen Haus. Wir sind jetzt die armen Verwandten aus dem Osten. Nun findet er Genugtuung der Onkel Max. Der Großvater, Dorfschullehrer, wollte noch in letzter Minute seine Hochzeit mit der Tochter verhindern. Max stammte aus einer Familie, die nicht »standesgemäß« war, und er hatte alle Kinder dieser Familie unterrichtet. Mittlerweile ist Max ein anerkannter Ingenieur.

Ich mache an den Wochenenden Wallfahrten zu den Großeltern. Einige Kilometer zu Fuß, mit dem Schiff über den Rhein, wieder einige Kilometer hüpfen auf stillgelegten Bahnschienen. Dort werde ich herzlich empfangen. Die Großeltern freuen sich. Ich fange Fliegen und bekomme für jede einen Pfennig. Stundenlang wird Karten gespielt. Es wird gemauschelt. Ich gehe mit dem Großvater spazieren und er erklärt mir die Natur. Ich erlebe, wie er jeden Morgen der Großmutter einen Teelöffel gehackten Knoblauch ans Bett bringt. »Er liebt seine Frau sehr«, sagt der Vater. Ich verstehe das gut. So geliebt zu werden muss schön sein.

Wieder ein Umzug in ein Zimmer: Auch diese Wohnungsinhaber der 3-Zimmerwohnung tun sich schwer. Warum sind sie nicht dageblieben, wo sie herkommen. Das wundert mich heute gar nicht. Ich würde mich auch schwertun, wenn heute in unser Haus eine ganze Familie einquartiert würde. Die Familie lebt jetzt in Duisburg-Wanheimerort. Dort hat der Vater sein neues Geschäft aufgemacht.

Ich bestehe darauf, die Mittelschule zu besuchen. Das ist ein harter Kampf. Ich gegen den Vater. Du heiratest ja doch. Du kannst ja hinterher die höhere Handelsschule besuchen. Ich setze mich durch. Aber der Vater verlangt, dass ich eine Klasse

überspringe. Die zehn Mark Schulgeld hat die Familie eigentlich nicht. Ich muss den Schulweg zum Teil zu Fuß meistern,
um zehn Pfennig zu sparen.

Von einer einklassigen Volksschule auf eine Mittelschule in einer Großstadt, eine Mädchenschule. Ich muss eine Prüfung machen, um aufgenommen zu werden. Diese bestehe ich. »Wer
weiß, ob wir dich behalten«, sagt die Lehrerin. Ich beiße mich
durch. Es ist schwer. Mir fehlen die Grundlagen in Englisch
und Grammatik. Ich bin nun nicht mehr die Beste, die geliebte
Schülerin. Andere Mädchen sind ähnlich alt und die Lehrerin
versteht nicht, welchen Sinn es hat, dass dieses Mädchen eine
Klasse überspringt. Jetzt bin ich ein Flüchtlingskind in ärmli-
chen Kleidern und nicht besonders klug. Mein Markenzeichen
ist ein Zopf, der mit einem Schnürsenkel zusammengebunden
ist. Die Angst dumm geworden zu sein durch Selbstbefriedigung, ist wieder da. Ein Flüchtlingskind, das Hilfe braucht.
Eine der Klassenkameradinnen erkennt meine Not. Ich werde
eingeladen, bei ihr zu übernachten. Eine große Wohnung. Ilse
teilt ein Zimmer mit ihrer Schwester. Da passe ich auch noch
rein. Plötzlich erscheint die Mutter und holt mich ab. »Du hast
kein Nachthemd mit«, sagt sie. »Du kannst von mir eins
haben«, sagt die Freundin. Aber die Mutter ist unerbittlich. Wir
gehen. Ich verstehe nicht. Ich weine. Später stellt sich heraus,
dass sich die Mutter geschämt hat, weil die Unterwäsche ge-
stopft war. Viel später erzählt die Freundin folgende Geschich-

te: »Du kamst in unsere Klasse. Deine Kleidung sah ein bisschen merkwürdig aus. Du trugst einen Zopf, der hinten mit einem Schnürband zusammengebunden war.« »Mein erster Gedanke war«, erzählt sie, »um dieses Mädchen muss ich mich kümmern.« Das tat sie ja dann auch.

Nachdem die vierköpfige Familie sieben Jahre in einem Zimmer bei fremden Menschen gewohnt hat, bekommt sie eine erste kleine Wohnung. Sozialen Wohnungsbau, nannte man das damals. Zwei Zimmer, keine Küche, die Toilette auf dem Flur eine Treppe tiefer. Aber da passte auch noch Besuch rein, Übernachtungsbesuch. Ostpreußen, Verwandte, halten zusammen: Tante Annchen, Tante Lieschen, Onkel Nantchen, Tante Trudchen. Nacheinander, versteht sich. Die Familie wohnt in der Gärtnerstraße. Dort gibt es auch ein kleines Kino. Ich verlasse gerne diese Wohnung. Ich lese, bin in der Stadtbücherei oder gehe ins Kino. Dick und Doof, Pat und Patterson, MickeyMouse. Die Leidenschaft für Bücher und Kino werde ich ein Leben lang behalten.

Hässlich, Hure, Hexe, Flüchtlingskind, mit diesem Selbstbewusstsein gehe ich in die Pubertät. Hässlich ist schwer zu akzeptieren. Schließlich will ich heiraten, Kinder bekommen, eine eigene Wohnung haben, ein zu Hause haben. Der Spruch des Vaters: Du brauchst kein Abitur und ein Studium schon gar nicht. »Du heiratest ja doch!«, tut seine Wirkung. Ich tue mein bestes mit Schwanenweiß. Ich kenne weder Lippenstift noch

Schminke. Die Mutter hält viel von Wasser, Seife und Nivea-Creme. Hure? Ich bin Jungfrau. Von Aufklärung ist im Elternhaus nie die Rede. Auch in den Büchern, die ich lese, ist von den Vorgängen zwischen Mann und Frau wenig zu lesen. In der Stadtbücherei gibt es einen verschlossenen Schrank. Dort vermute ich Aufklärung. Aber der Schrank bleibt verschlossen. Mündig wird man erst mit 21 Jahren. Die Freundinnen wissen auch nicht mehr. Filme wie: »Grün ist die Heide« oder »Ich tanze mit dir in den Himmel hinein«, Romane von Courths-Mahler, die ich unter der Bettdecke lese, versprechen Prinzen und Grafen und ein glückliches Ende. Aufklärung bringen sie nicht. So denke ich noch über das 14. Lebensjahr hinaus, Kinder kämen aus dem Bauchnabel. Mit 18 Jahren halte ich zum ersten Mal Händchen mit einem Mann. Das scheint der Himmel auf Erden zu sein. Hexe? Da ich viel lese, kenne ich natürlich Hexen aus Märchen. Das sind böse, mächtige, alte Frauen. Ich empfinde mich weder als böse, noch als mächtig und alt. Ich sammle wieder Verletzungen und Kränkungen. Ich sammle schnell und viel. Der Dampfdruck-Kochtopf muss sich immer wieder entleeren. Es kommt zu Explosionen, zu Wutausbrüchen. Diese treffen manchmal Menschen, die es gar nicht verdient haben und nicht wissen, was ihnen da passiert. Das führt zu Irritationen und macht mich dann zur Außenseiterin.

Mit 15 Jahren gibt es den ersten Verehrer. Ich kann mein Glück kaum fassen. Vor dem Fenster der Wohnküche, die gleichzeitig

Schlafzimmer für mich und meinen Bruder ist, steht ein schwarzhaariger Jüngling mit einem blauen Fahrrad und klingelt halbstundenlang. Ich schaue verstohlen durch das Fenster. Der Vater verbietet es. Das Klingeln geht wochenlang weiter. Dann höre ich, dass der Knabe sich nach meinen Sommersprossen erkundigt hat. Das finde ich empörend. Also stelle ich mich bei nächster Gelegenheit vor dem Knaben auf und erkläre: »So, nun kannst du dir meine Sommersprossen genau ansehen.« Die Klingelei endet abrupt.

Fanny

Im Sommer 1953 fahre ich nach Schleswig-Holstein. Ich bin zu Tante Annchen eingeladen. Diese führt Herrn Paustian den Haushalt. Herr Paustian muss um die 40 Jahre alt gewesen sein. Er ist Junggeselle und hat einen Dobermann. Außerdem ist er Vorsitzender des Bad Segeberger Rudervereins. Ich himmle Herrn Paustian an. Er rudert mit mir auf dem See, kauft mir hin und wieder ein Eis und bringt mir den Umgang mit dem Dobermann bei. Ich habe eher Angst vor dem großen Hund. Derweil kocht Tante Annchen leckeres ostpreußisches Essen. Natürlich hat der Mann auch noch anderes zu tun, als ein fünfzehnjähriges Mädchen zu beschäftigen. Manchmal langweile ich mich. In der CONSTANZE lese ich eine Anzeige. Endzehner sucht nette Brieffreundin.

Ich schreibe einen Brief und bekomme Antwort. Daraus entwickelt sich ein Briefverkehr. Der Knabe ist 19 Jahre alt und wohnt in einer Kleinstadt am Niederrhein. Ein Jahr später beschließen die beiden, sich kennenzulernen. Ich erwarte ihn im August 1954 auf dem Duisburger Hauptbahnhof. Ich habe einen Wintermantel an. Er soll meine Sommersprossen verdecken. Wir verstehen uns auf Anhieb, und haben viel zu erzählen. Irgendwann ziehe ich den Mantel aus und Fanny, so nennt sich der Knabe, kann mich in ganzer Schönheit mit allen Sommersprossen bewundern. Wie gesagt, es ist August und Sommer. Unter dem Wintermantel steckt ein Sommerkleid mit kurzen Ärmeln. Ihn scheint das alles überhaupt nicht zu stören. Im Gegenteil. Am späten Nachmittag, wieder zu Hause, erzähle ich der Mutter von der Begegnung. »Mutti, er hat so schöne Grübchen.«

Ab sofort gibt es Fanny in meinem Leben. Meine erste, ganz große Liebe. Fanny liebt das Besondere. Ich bin für ihn etwas Besonderes wegen der roten Haare und der Sommersprossen. Viel später wird mich stören, dass er immer das Besondere will. Ich habe es lieber normal, wie andere Menschen, die ich kenne. Nicht der Libanon als Urlaubsort, sondern Bayern, keine sozialistischen Kampflieder, sondern Schlager, nicht ausgerechnet Graz (so, so weit entfernt), sondern lieber Köln als Studienort.

Wieder ein Jahr später lädt Fanny mich ein, ihn in seinem Elternhaus zu besuchen. Der Vater sagt »nein!«. Aber ich setze mich durch. »Ich springe aus dem Fenster«, schreie ich. Der Vater gibt nach, nachdem er die Eltern von Fanny angerufen hat. Ich darf für ein Wochenende fahren. Der Vater von Fanny mag mich und ich ihn auch. Eine Liebe auf den ersten Blick. Er ist Bäckermeister mit eigener Bäckerei. Ich lerne ein ganz anderes Leben kennen. Die Mutter hält Abstand von dem Flüchtlingsmädchen. Sie stammt aus einer angesehenen, vermögenden Brauerei-Familie. Sie hat zum großen Ärger ihrer Eltern unter ihrem Stand geheiratet, ausgerechnet einen Bäcker aus dem Rahser. Der Rahser ist ein verrufener Stadtteil der kleinen, kreisfreien Stadt am Niederrhein. Die Ehe zwischen dem Bäckermeister aus dem Rahser und der Bürgerstochter wird leider zum Desaster. Ihre Eltern kommen nicht zur Hochzeit. Fannys Mutter möchte, dass ihr Sohn es anders, besser machen soll. Ein Flüchtlingsmädchen ist nicht gerade erste Wahl. Ich bekomme ein kleines Zimmer zugewiesen. Außer Händchenhalten, wie wunderbar, passiert an diesem Wochenende gar nichts. Anna fährt nun öfter nach Viersen. Sie geht morgens um 4 Uhr mit in die Backstube, lernt Sauerteig ansetzen, Brötchen formen und sich über das Bäckerei-Handwerk unterhalten. Es macht Freude, mit dem zukünftigen Schwiegervater, dem Gesellen und dem weiblichen Lehrling zusammen zu arbeiten. Sie erfährt - ohne das sie darüber sprechen - dass auch Fanny noch Jungfrau ist. So beginnt in den Nächten, wenn er sich zu ihr schleicht über knarrende Treppen, ein langsames Annähern. Das dauert viele Nächte und irgendwann ist es dann soweit, beide sind keine Jungfrauen mehr. Ich genieße diese Nächte, aber einen Orgasmus habe ich nicht. Das wird später kommen, tröste ich mich, »wenn wir beide mehr Erfahrung haben«.

Ich bin nun 19 Jahre alt. Ein Jahr zuvor habe ich die Mittlere Reife geschafft. Kein besonderes Zeugnis. Dies ist mir nun auch nicht mehr so wichtig. Dem Mädchen mit dem schlechten Selbstbewusstsein sind zu diesem Zeitpunkt Männer wichtig. Fanny vor allem. »Einen abbekommen«. Lehrstellen sind sehr knapp. Das bekomme ich nun zu spüren. Ein Dreier-Zeugnis ist nichts Besonderes. Organisationen und Betriebe veranstalten Prüfungen. Einhundert Mädchen für 20 Lehrstellen. Ich bekomme keine. Ich erhalte eine Anlernstelle bei der Stadtverwaltung. Eineinhalb Jahre Ausbildung in Deutsch, Stenografie und Schreibmaschine. Ziel: Stenotypistin. »Büro ist gut«, sagt der Vater. Du heiratest ja doch. Ich kenne diesen Spruch zur Genüge. »Aber«, sage ich, Buchhändlerin oder Bibliothekarin würde ich gerne werden. »Das sind Hungerberufe«, befindet der Buchhändler. Ich muss mich fügen.

Ich bin nicht sehr begabt für die Tätigkeit einer Stenotypistin. Mir fehlt die Gewissenhaftigkeit, die beim Stenografieren und Übertragen des Stenogramms nötig ist. Ich, die umfunktionierte Linkshänderin brauche jedes Mal mindestens zehn Sekunden, bis ich weiß, was rechts, was links ist. 50 Deutsche Mark Ausbildungsgeld gibt es. Zehn Mark muss ich für die Aussteuer sparen. Für das Silberbesteck, die Bettwäsche, das Geschirr von Rosenthal. Zu Hause abgeben muss ich nichts. Ich bin viel krank. Meine Bronchien. Ich bekomme regelmäßig Fieberschübe mit sehr hoher Temperatur. Der Vater verordnet Schwitzkuren. Manchmal kommt er an mein Bett und wischt mir den Schweiß von der Stirn. Krank sein, heißt auch Zuwendung bekommen. Die Abschlussprüfung bei der Stadtverwaltung verläuft glimpflich. Die Ausbildungsleiterin hilft mir bei der Übertragung des Stenogramms in die Schreibmaschine. Womit habe ich das verdient? Hat die Ausbildungsleiterin dafür gesorgt, dass ich als Zweitkraft in das Büro des Oberbaudirektors komme? Für mich ist das ein Glücksfall. Die Männer, Architekten und Bauingenieure, sind großzügig und tolerant. Ich arbeite sehr gerne dort. Achtundvierzig-Stunden-Woche. Montags bis freitags von acht bis siebzehn Uhr. Einmal in der Woche bis 17.30 Uhr. Samstags von acht bis dreizehn Uhr. Eine halbe Stunde Mittagspause. Unerwartet steht manchmal der Oberstadtdirektor vor dem Haus und prüft, ob auch alle pünktlich kommen. Dafür wird die Mittagspause überzogen. Acht Tage Urlaub im Jahr. Mir ist nichts zu viel. Die Arbeit macht mir großen Spaß. Ich lerne schnell. Stenografie brauche ich kaum. Die vielen verschiedenen Schriften der Männer machen mir keine Mühe. Ich bin jung und merke, dass die Männer mich mögen. Sie erklären mir, was gute Architektur ist und betreiben Geschmacksbildung mit mir. Der gute Geschmack ist die Fähigkeit, ständig der Übertreibung entgegenzuwirken (Hugo von Hofmannsthal). Ich fühle mich als Tochter vieler gutgelaunter Väter, von denen ich viel lerne. Ich bekomme einen Leitfaden für mein künftiges Leben. Keinen oder ganz wenig Schmuck, schlichte Kleider. Die späteren Wohnungen werde ich eher puristisch einrichten. Ich weiß zu dem Zeitpunkt noch nicht, dass meine Art, mich zu kleiden, viele Männer eher abschreckt.

Fanny hat inzwischen Abitur gemacht. Er geht zum Studium der Volkswirtschaft nach Frankfurt. Dort tritt er dem SDS (Sozialistischer Deutscher Studentenbund) bei. Die Wirtin ist streng. Damenbesuche sind verboten. Wenn ich ihn besuche nehme ich an Sitzungen des SDS teil. Frauen reden dort nicht mit. Sie sind das Personal, das bedient. Erstaunlicherweise regt mich das schon damals auf. Dann beschließt er, nach Graz zum Studium zu gehen. Dort bekommt man schneller, auch leichter den Doktortitel. Daraufhin bestehe ich auf Verlobung und diese findet tatsächlich statt. Ich bin 20, Fanny 23 Jahre alt. Ich arbeite im Planungsamt, Fanny studiert in Graz. Ich besuche ihn dort und wir schlafen miteinander. Die Wirtin ist großzügig. Bei der Rückkehr warte ich sehnlichst auf meine Periode. Bei Verspätung springe ich vom Tisch. Ich habe Angst vor der Schande. Hure? Das Wort steht drohend im Raum. Nachts kommen die Gespenster. Immer wiederkehrende Träume. Ich laufe, laufe, laufe. Etwas verfolgt mich. Ein Wolf? Ich stolpere. Etwas ist über mir. Schweißgebadet wache ich auf. In einem anderen Traum fallen mir alle Zähne aus. Ich spucke Blut. Ich suche einen Spiegel. Kein Spiegel, nirgendwo. Ich wache auf, fasse mir in den Mund. Die Zähne sind da.

Die kleine Buchhandlung mit Schreibwarenabteilung der Eltern läuft durch das Schulbuchgeschäft gut. In NRW hat die Landesregierung die sogenannte Schulbuchfreiheit eingeführt. Die Schüler bekommen einen Gutschein und kaufen ihre Bücher in der Buchhandlung. Der Vater kann sich ein Auto kaufen. Stolz fährt er seinen OPEL Olympia. Am Sonntag macht der Vater mit der Familie Ausflüge. 1954 zünden die USA die erste Atombombe. Ich begreife erst durch den Film »Hiroshima, mon amour«, was das bedeutet. Ich bin sehr erschüttert. Der wirtschaftliche Aufschwung in Deutschland hält an. Für meine Familie beginnt er erst 1958, als ich mein erstes eigenes Zimmer bekomme. Der Bruder schläft im Wohnzimmer auf der Couch. Deutschland wird Fußball-Weltmeister. Das Ergeignis sehe ich in einem Schaufenster an und später in FOX-Tönende Wochenschau. Eine Sonnenfinsternis wird als Mahnung und Weltuntergang gedeutet. Ich schenke solchen Ereignissen keinen Glauben. Magisches Denken wurde mir früh ausgetrieben. Die DDR-Flucht beginnt. 1955 besiegelt der »Warschauer Pakt« die Souveränität Deutschlands. Zehn Jahre nach dem Ende des Krieges erreicht Adenauer, dass die letzten Soldaten aus Russland wieder in ihre Heimat dürfen. Auch diese Ereignisse verfolge ich im Kino. Immer mehr Autos befahren die Straßen.

Intermezzo 1

Ich feiere meinen Geburtstag auf Sylt. Ich bin 78 Jahre alt geworden. Es ist Februar. Die Insel empfängt uns mit Sonne und fast blauem Himmel. Das Farbenspiel am Strand ist unvergleichlich. Braun und beige der Strand, weiß die Gischt des Meeres, die ans Ufer donnert. Der Himmel pastellfarben. Blau in allen Schattierungen, gemischt mit leichten rosafarbenen

Streifen und weißen Wölkchen. Strandhafer wiegt sich im Wind. Ich bin glücklich. Fast sieben Jahre nach dem schlimmsten Schicksalsschlag meines Lebens, sind vergangen. Darf ich wieder glücklich sein?

Die Möwen rotten sich gerade am Strand zusammen. Seesterne sind gestrandet. »Ich möchte fliegen«, sage ich zu Manfred. »Fiegst du mit?«, frage ich. »Einer muss am Boden bleiben«. Wir lachen beide. Morgen wird mein Sohn Nicolas mit Lebensgefährtin angeflogen kommen. Wenigstens zwei, die fliegen. »Ach könnte ich doch zu Bernd fliegen«, denke ich. Bernd, mein Sohn, der sich das Leben nahm.

Zurück zu meiner ersten Liebe Fanny: Ich bin nun viel allein, lese, schreibe Briefe und gehe ins Kino. Manchmal treffe ich eine Freundin. Fanny und ich sind fleißige Briefschreiber. Mindestens je drei Briefe gehen in einer Woche hin und her. Die Briefe werden in den Jahren 1958 bis 1960 geschrieben.

Intermezzo 2

Den 50er und 60er Jahren auf der Spur

1949 setzt die sozialdemokratische Abgeordnete Elisabeth Selber, CDU gegen die eigene Partei durch, dass die Gleichberechtigung in das Grundgesetz der Bundesrepublik Deutschland aufgenommen wird. Artikel 3 sagt aus:

MÄNNER UND FRAUEN SIND GLEICHBERECHTIGT.

Die Realität sieht anders aus.

Das Ehe- und Familienrecht bestimmt den Mann zum Alleinherrscher über Frau und Kinder. Wenn ein Ehemann und Vater seine Frau und seine Kinder misshandelt, ist das seine Privatsache. Die Ehefrau hat jederzeit sexuell zur Verfügung zu stehen. Für Frauen gab es Leichtlohngruppen. Sie dürfen ohnehin nur arbeiten, wenn der Mann es erlaubt. Arbeiten? »Das hast du, haben wir nicht nötig.« Viele Männer wollten ihre Frau lieber in Abhängigkeit. In meiner Familie ist der Vater uneingeschränkter Herrscher. Bei Vergehen der Kinder kommt von der Mutter regelmäßig der Satz: »Das werde ich heute Abend eurem Vater erzählen.« Er ist die strafende Instanz. Er lässt auch keinen Zweifel, dass ein uneheliches Kind die Frau zur Hure macht. Die Mutter eines solchen Kindes erhielt damals nicht einmal das Sorgerecht.

In mein Tagebuch schreibe ich am 20. Februar 1955: *Ach, wie schön stelle ich es mir vor, mit ihm verheiratet zu sein, eine süße kleine, moderne Wohnung zu haben, ganz für sich allein. Nur Fanny und ich. Er geht zur Arbeit, ich koche und putze, wenn er nach Hause kommt, gibt er mit einen Kuss und lächelt selbst noch zu angebranntem Essen. (Natürlich nur in der ersten Zeit, denn einmal lernt es ja jeder)*

Was Wunder!? Auch in den 50er Jahren gibt die Frauenzeitschrift »Brigitte« Ratschläge, wie Frau an einen Mann kommt.

Sie empfiehlt, sich auf die naturgegebene Aufgabe einer klugen Hausfrau vorzubereiten. Frau soll dem geliebten Mann eine gute Gattin sein und den Kindern eine treu sorgende Mutter. Selbstbewusstsein und Eigenständigkeit sind dabei eher hinderlich, eine elegante Erscheinung sei von Vorteil und ermögliche eine gute Partie.

Welches Bild eines jungen verliebten Paares zeigen die Briefe aus den Jahren 1958 – 1960?

Der zweite Brief ist vom 13.10.1958:
Amüsier` Dich tüchtig, aber möglichst in Gegenwart Deiner Eltern, zumindest Udos (mein Bruder). Und vergiss nicht, meinen Eltern nächsten oder übernächsten Sonntag den versprochenen Besuch abzustatten ...
Na, und die Mondrakete! Der Mann im Mond wird ja ganz schön lächeln, dass sie ihn nicht einmal erreicht. Immerhin, die Raumfahrt rückt immer näher. Vielleicht machen unsere Kinder mal `ne Hochzeitsreise zur Venus, alles inbegriffen ...
PS. Bis zum Termin X noch 77,64% der Gesamttrennungszeit. 22,36 sind vorbei

Wenn Anna das heute liest, ist das schon ein erstaunlicher Brief. Offensichtlich braucht sie einen Aufpasser. Außerdem redet er wie selbstverständlich vom Heiraten und Kindern. Drei

Tage später beschreibt er sein Studentenleben als Einsiedlerdasein:

Man kriegt schrullige Gedanken. Ich denke schon über einen 500 000 DM Gewinn nach, und was wir alles damit machen werden. Wie wäre es mit dem Libanon? Da ist jetzt alles schön ruhig.

Die Reise in den Libanon wird einige Jahre später stattfinden. Neckermann macht es möglich. Einen Tag später denkt er über Geschenke nach, die er mitbringen will. Geschenke für die ganze Sippe, seine Eltern, meine Eltern, mein Bruder und natürlich eines für mich. Dabei sind, wie er schreibt noch 56% der Trennung zu überwinden.

Am 9.10. 1958 macht er sich in seinem Brief Gedanken über die Papstwahl:

Die r.k. Kirche ist eben zu konservativ. Johannes der XXIII ist mein Tod. Gerade schreien die Itaker frenetisch »il papa, il papa«. Dass es meinen Eltern gut geht, freut mich. Haben sie auch schön auf Dich aufgepasst? Was macht Dein Kleid, unser Kleid möchte ich bald sagen. Hast Du es auch zeitig? Ich bin ja richtig gespannt, wie es ausschaut, wie Du Drin aussiehst ...

In den folgenden Briefen spielen Geldsorgen der Eltern und seine eigenen eine große Rolle. Die Mutter (sie betreibt die Bäckerei und dazu einen Lebensmittelladen) hat eine Steuernach-

zahlung von 7000 Mark zu leisten. Mir kam die Familie damals vermögend vor. Ein eigenes Haus, ein Geschäft. Die Eltern der Mutter, ehemalige Brauerei-Besitzer, besaßen eine große, alte Villa mitten in der Stadt, dahinter ein parkähnlicher Garten mit vielen Obstbäumen, eine riesige Wohnung mit dunklen, alten Möbeln, die auf mich bedrohlich wirken. Ich nehme den Brief nicht ernst. Im September 2016 habe ich ein déjà-vu-Erlebnis. Enkel Leon aus Hannover kommt zu Besuch auf den Bauernhof. Das Siebengebirge ist nur 12 km entfernt. Er wünscht sich eine Wanderung auf den Drachenfels. Natürlich wird diese gemacht. Auf dem Rückweg besuchen wir die Burg Drachenfels. Im Wohnzimmer der neogotischen Burg finde ich das Wohnzimmer seiner Großeltern wieder. Dunkle, riesige Eichenholz-Möbel, geziert mit Schnitzereien. Samtportieren, Seidentapeten. Finster und irgendwie bedrohlich. Ja, so sah damals das Wohnzimmer seiner Großeltern auch aus. Historismus pur.
Weiter mit den Briefen:

Dienstag, morgens 10 Uhr

Dein Brief ist gerade da. Sind ja atemberaubende Neuigkeiten, die Du da zum Besten gibst. Ein Heidengeld, aber mutmaßlich auch Heidenarbeit und nicht Punkt fünf Uhr Feierabend. Solche Gehälter kalkulieren schon die Überstunden ein. Im Übrigen habe ich nichts dagegen, wenn Du dort drei Jahre bleibst. Schließlich heiraten wir ja erst in einem Jahr. Dann wird noch ein weiteres Jahr alles beim Alten bleiben und erst dann wird

alles akut. Wohnung usw. Nur ein Unsicherheitsfaktor ist gege-
ben und daran denkt dieser Engel: Kinder lassen sich auch bei
Planmenschen kaum planen. Die kommen halt, wie sie wollen
und wann sie wollen. Aber schließlich müssen sie sein. Im Üb-
rigen werde ich die 700 Mark kaum am Anfang verdienen, es
sei denn ich erhielte 1961 das Bundestagsmandat für den
Wahlkreis Viersen-Kempen und gelangte über die Landesliste
ins Parlament. Aber das ist eine noch unsichere Geschichte.
Natürlich denke ich beizeiten an diese Chance, ein »steuerfrei-
es« Gehalt von etwa 1400 Mark ist nicht schlecht. In der Pri-
vatindustrie werde ich es viel schwerer haben. Doch zunächst
brauche ich dazu den Doktortitel um den Genossen zu impo-
nieren. Zu Deiner Beruhigung: Ich denke nicht im Ernst daran,
mich in der Tagespolitik gesundheitlich zu ruinieren. Stadtrat
und Bundestag wären nur Sprungbretter für einen ruhigen Job
in der Landes- oder Stadtverwaltung. Ganz im Ernst: Würde
die SPD die Wahlen 1961 gewinnen, wäre ausgesorgt, aber
dies ist nicht drin und allzu viele Unwägbarkeiten sollte man
nicht gerade verankern. Nachdem wir beide das letzte, trostlo-
se Wochenende hinter uns gebracht haben, sind es nunmehr
nur noch 99 Stunden bis Sonntag. Mit Wollust streiche ich die
letzten Stündchen ab. Jeder Morgen lässt mich schleunigst zu
meinem Kalender greifen und Striche machen. Mit das Schöns-
te am Tag. In drei Tagen um diese Zeit rüste ich schon zum
Aufbruch ...

Mein Schnurrbart wird von Tag zu Tag prächtiger und englischer. Sein Wachstum ist enorm und Du wirst Deine helle Freude am ersten Stachelkitzelkuss haben. Da die Haarenden schon um die Ecke wachsen wird es gar nicht mehr so weh tun. Morgen letztes Blatt. Ich muss jetzt mein Studienbuch wegkriegen und noch zu einer Vorlesung.
Sei gegrüßt von Fränzchen!

Anna staunt, wenn sie das heute im Oktober 2018 liest. Wie genau er seine Ziele formuliert! Er wird sie erreichen. Er wird Landtagsabgeordneter werden und den hohen, gut bezahlten Beamtenposten in der Landesregierung wird er auch bekommen. Diesen wird er mit Lust und Laune ausfüllen und seine vielen presseträchtigen Aktionen werden ihm einen relativ hohen Bekanntheitsgrad in Nordrhein-Westfalen bescheren. Das erste Kind wird schon 1960 geboren. Aber die Kinder und ich verlieren ihn. Die Politik frisst ihn in diesen Aufbaujahren. Er macht mich zu einer alleinerziehenden Mutter und die Kinder zu weitgehend vaterlosen Jungen. Mich wird er – nicht nur, aber auch deshalb - verlieren.

Graz, 31. 10. 1958, 12.00 Uhr

... heute Mittag ist Dein Geschenk an der Reihe. Bin mal gespannt, wozu ich mich letztendlich entschließe. Schreib mir, wie es beim Klassentreffen war. Hat Deine Uniform den üblichen Neid erweckt? Mädchen sind doch schlechte Individuen für Freundschaft. Ihr Horizont ist zu stark auf »Mann« ausgerichtet, was sein Gutes hat. Ein Kind willst Du von mir? Wann? Drängle nur nicht. Wir sind noch früh genug dran. Meine Heiratslust ist ja im letzten halben Jahr unverändert groß – so was schreibt man einem Mädchen an sich nicht – aber am besten warten wir noch ein Weilchen. 1961? Nein, »1960!« Fruchtloser Streit. Einigen wir uns auf die Hälfte. - Noch 162 Stunden ...

heute hatte ich eine gewisse Wut auf meine Wirtin. Gestern hatte sie Mohnkuchen gebacken – stell Dir vor Mohnkuchen! Das entdeckte ich wie folgt:

Szene: Küche mit Frau Krausdorfer. Ich trete ein. »Hier stinkt es aber nach Gas!« »Ja, ja, ich hob wos in der Backröhre. Die ist etwas verstopft.« Derweil ich oben an der Gasflamme hantiere und ein Kamillenbad nehme, will Frau Krausdorfer in die Röhre gucken. »Könnens amol an Schritt zur Seiten gehen.« »Ja, natürlich.« Sie schaut in die Röhre und zieht einen Kuchen nach vorn. Unter meinem Handtuch – wegen des Schwitzens – luge ich nach unten. »Ist das ein Mohnkuchen?« »Ja, ja.« »Ach den bäckt meine künftige Schwiegermutter so gut.

Ein Gedicht, sage ich ihnen.« Massiver konnte ich nicht werden. Aber bis heute Abend war nichts von einem Probierstückchen zu sehen. Gerade als ich mir vornahm, wütend zu werden – welche unglaubliche Frechheit – spaziert meine Wirtin zur Tür rein, Mohnkuchen!! Kein Vergleich mit Klein-Erna (Annas Mutter). Ich kann nur sagen, meine Wirtin ist ein Gräuel. Mein Wirtssohn ist zu tadeln. Er sitzt den ganzen Nachmittag mit seinen Eltern und seiner Tante und spielt »Schnappsen« (66). Derweil harrt seine Freundin im Nebenzimmer mit der Tochter der Tante und strickt. Ich sage Dir, s t r i c k t . Bei einem von beiden (oder bei beiden) muss etwas kaputt sein. Er ist im Sommer von einer Schlange gebissen worden. Du würdest in dieser Situation entweder mitspielen, dabei nach jedem zweiten Spiel herangeblitzt kommen und schließlich auf meinen Schoß landen. Dass Du im Nebenzimmer strickst, wäre ganz und gar undenkbar. Muss sagen, Deine wunderbare Art, Dein Fränzchen zu befrauen (Analogie zu »bemuttern«) ist mir tausendmal sympathischer. Aber irgendwie ist meiner Wirtin Sohn verständlicherweise nicht gerade von den mangelnden Reizen seiner Freundin angetan. Trotz aller Menschenfreundlichkeit könnte ich keinen Geschmack an dieser Dame finden. Klein, etwas pummelig mit Brille und breitem Gesicht. (Gegen breite Gesichter habe ich irgendwie eine Aversion) Aber Schluss damit.

Einen langen Gute-Nacht-Kuss sendet Dir Herr Fanny!

Ich versuche, mir eine solche Szene bei heutigen Studenten vorzustellen. Einfach undenkbar. Bei der Wirtin in der Küche ein Dampfbad nehmen. Wir haben drei Enkelkinder, die studieren: Eine lebt in einer WG mit einer Freundin, einer lebt mit seiner Freundin zusammen. (Nur nicht zu weit von zu Hause fort!) Und einer lebt zu Hause. Er ist ein guter Geschichtenschreiber, mein Fanny.

Die nächste Geschichte folgt sogleich:

Ach ja, die Geschichte mit dem Fernet-Magenbitter (Fannys Vater hatte eine Magenkrebs-Operation überstanden und trank gerne zur Beruhigung seines halben Magens einen Bitter. Herr Hackmann, (ein Student aus seiner Heimatstadt) und ich gingen in ein neu eröffnetes Geschäft. »Eine Flasche Magenbitter«, sagte ich, »aber so, dass die Wände zittern«. »Hier hab ich einen sehr guten«, sagte die Verkäuferin, eine ältere, liebenswürdige Dame: »Aber probieren sie ihn doch erst mal.« Daraufhin tauchte eine dunkeläugige, blonde Schöne auf, fixierte uns und ihre Flaschen und schenkte ein. Wir tranken ein Glas. »Haben sie nichts anderes ähnlicher Geschmacksrichtung?«, fragte ich. »Aber selbstverständlich«, hauchte das blonde Hascherl, ein herzig Madl. Wir tranken das Zweite. »Auch nicht schlecht«, ließ Herr Hackmann schmatzend vernehmen. Er war schon drauf und dran besagtes Hascherl einzuladen. Wir probierten unterdes weiter. Es wurde

wärmer. Ich roch nichts, trank aber desto mehr. Unsere Mun-
terkeit wurde zusehends vernehmlicher. Nach sechs Glaserl
probieren entschlossen wir uns, den Bittern zu kaufen und
wankten heiteren Sinnes türwärts. »Bis demnächst mal«, ließ
sich Herr H. Steirisch aus. Die restlichen Minuten Heimwegs
verflossen leichthin mit angenehmem Plaudern über die Güte
des Alkohols im Allgemeinen und der Madel im besonderen.
»Ich schreib es ihrer Frau«, rief ich ein über das andere Mal
entrüstet. »Ich erzähl es Ihrer Braut«, revanchierte sich mein
Kollege. Was er Dir erzählen möchte, ist mir schleierhaft. Aber
eine angenehme Situation war das ganze dennoch. Morgen
weiter. Gute Nacht.
Dein dennoch sehr, sehr treues Fränzchen!

Warum die Studenten sich mit »Herr« anreden, ist mir heute
schleierhaft. War das damals so? Ich glaube, mich zu erinnern,
dass Studenten sich 1971, als ich begann zu studieren, auch
noch oft so anredeten.

Noch 122 Stunden
Allerseelen, 9 Uhr
»Letzter Samstag«. Mein hagerer Körper liegt im Bett, doch
der Geist wandert schon über alle Berge zu Dir. So schnell wie
der Flug in Gedanken zweier Lebender wird nie eine Mondra-
kete durchs Universum rauschen. Sicher hast Du gerade Dein

rosiges Popöchen aus dem Bettpfuhl gezwängt. Wäre ich jetzt bei Dir, würde ich unverschämterweise unter Dein Nachthemd schauen und Dein Büschchen bewundern. Unverschämt, aber nicht unanständig. Hier trennen sich noch ein bisschen unsere Geister ...

Du, ich habe eine gute Idee. Sollen wir beide zusammen Französisch lernen? Meine Kenntnisse fangen auch schon an zu schwinden. Ich habe ein sehr gutes Langenscheidt-Übungsbuch. 1000 Worte Französisch. Sollen wir es mal probieren? Im Sommer können wir unsere Kenntnisse sehr gut gebrauchen, denn an meinem Plan mit Roller von Graz über Jugoslawien, Italien, Frankreich und heimwärts halte ich nach wie vor felsenfest. Ob die Visen für die Polen-Ungarn-Idee zu beschaffen sind, ist sehr zweifelhaft. Hach, ist es herrlich hier im Bett schon in Gedanken in sommerlichen Gefilden mit meiner Sandy zu weilen. Wird direkt wärmer im Zimmer. So, das wäre der vorletzte Brief.

Der letzte Brief vor dem Wiedersehen

Wie zäher Brei fließen die Stunden dahin und Graz verliert von Tag zu Tag mehr von seinem anfänglich so interessanten, sommerlichen Gesicht. Ein letztes Glühen der Blätter und auch sie fallen, fallen, fallen. Alles nimmt Abschied. Ich wünschte, es ginge bereits heute. Wenn der Schloßberg unsichtbar wird und die Räder des Steiermark-Express gen Norden rollen, wird

vielleicht auch etwas Wehmut mitspielen. Aber gleichzeitig ein Seufzer der Erleichterung meine Brust weiten. Es ist fast 95%, dass es der 11.18 Uhr Zug sein wird – In Gedanken stehe ich schon seit vier Wochen auf dem Bahnsteig, aber der Zug darf noch nicht weg. Vielleicht habe ich mir dabei meine Erkältung geholt. Einen Kuss möchte ich Dir jetzt geben, ganz unanständig, heftig und so.
Dein trostlos braves Fränzchen!

Ich lese die Briefe Fannys aus dem Jahr 1958 im Jahr 2016 voll Erstaunen. Diese liebevollen, herzlichen phantasievollen Briefe habe ich bekommen? Ich erinnere mich, dass ich oft enttäuscht war. Es schienen immer zu wenig Liebesbeteuerungen zu sein. Ich war ein dummes, mangelhaft gebildetes, nur auf Heirat ausgerichtetes junges Mädchen mit wenig Selbstwertgefühl. Ich habe oder konnte nicht sehen, wollte es vielleicht auch nicht, unter welch schwierigen Umständen dieser junge Mann studierte. Wie viel Sehnsucht er hatte. Heimweh und Einsamkeit. In der Supervisoren-Ausbildung sagt eine Kommilitonin: »Du bist unersättlich, was Zuwendung anlangt.« Ja, das war (ist vielleicht auch noch) so. Geldnöte begleiteten ihn. Er hatte schon klare Ziele für seine berufliche und auch private Zukunft. Gemeinsam Französisch lernen wollte er mit mir, gemeinsam auf dem Motorroller durch Europa fahren. Wie wunderbar, denke ich heute. Was wurde davon Wirklichkeit? Ich weiß, dass der Zeitgeist heute ein anderer ist. Ich staune trotzdem über diese ganz andere Wirklichkeit. »Iss gut«, sagt und schreibt er oft. Ich bin sehr schlank. Alle Söhne mögen ihre Frauen/Freundinnen stets sehr schlank. Fanny fehlt Annas Busen. Die katholische Kirche spielt eine große Rolle. Fanny lehnt sie ab. Ich muss katholisch heiraten und Brautunterricht nehmen, unsere Kinder werden zur Kommunion gehen. Erst viel später werden sie austreten. Eltern und Bruder werden zu »Aufpassern« ernannt. Er macht sich so viele Gedanken über Geschenke. Heute schenkt er seine Gegenwart. Das ist ihm und muss anderen Geschenk genug sein. »Kinder kommen wie sie wollen«, schreibt er. Das erste Kind wird kommen, wie es will. Schnelle Heirat ist ihm selbstverständlich. Die Jahrgänge in den 60er Jahren werden die geburtenstärksten der Nachkriegszeit werden. Eine Pille gab es nicht und Verhütung wäre umständlich gewesen. Wie wird es weitergehen in diesen Briefen. Wird die Sehnsucht bleiben, werden die Pläne für die gemeinsame Zukunft Thema bleiben? Ich war die treibende Kraft nur in eine Richtung: Heirat, eine Wohnung, Kinder, Hausfrau und Mutter sein. Heute erscheint mir das fast wie eine Vergewaltigung an mir selbst und und eines viel zu jungen Mannes.

Nach den gemeinsamen Monaten in Duisburg und Viersen kommen ab April 1955 die nächsten Briefe.

Graz, 21.4.1959

Liebes Füchschen,

noch keine zwei Tage sind vorbei, seit wir uns Adieu sagten. Habe schon die Stunden bis zum 8. Mai 17.46 Uhr Duisburg-Hbf notiert. Noch ist es ja zum Aushalten, aber schon jetzt fehlt mein Kleines mir an allen Enden. Bin immer so heiratswütig, wenn ich in der Fremde weile, ein Zustand, der bei Dir nicht gerade auf Ablehnung stößt. Doch lass´ Dir erzählen, wie die Fahrt war. Ein abscheulich pedantischer holländischer Liegenwagenschaffner ließ erst ab Koblenz das Betten machen zu. Der fürchterliche Mensch machte den sechs Insassen allerhand zu schaffen, da er – dauernd Kontrolle befürchtend – alles allein machte. Habe ihn entsprechend hochgenommen. Doch was half es. Geschlafen habe ich bis München. Ja, München. Keine besonders reizvolle Stadt. Viel Verkehr im Vergleich mit Berlin. Vier Stunden Bummel genügte natürlich nicht, um auch nur einen Bruchteil zu sehen. Chagall-Ausstellung musste deshalb verschoben werden. Erstes Ziel: Liebfrauenkirche, nachdem ich einmal um den Hauptbahnhof irre gelaufen war: Blick über die Stadt. Es schneite und war entsetzlich kalt. Dann ins Hofbräuhaus. Weißwurst gegessen und einen Liter Bier getrunken. Stand da: Bei nicht gefülltem Krug reklamieren! Ich reklamierte vergebens. Kellnerin behauptete, ich hätte schon getrunken. Fremdenverkehrsnepp, Saupreußen-Betrüger aus Gewohnheit. Zu tadeln. Wieder im Zug. Ganzes Abteil reiste nach Graz, alle Altersklassen inklusive 20-jährige Brasilianerin, die die männlichen Insassen des Waggons veranlasste, von Zeit zu Zeit an unserem Abteil vorbei zu defilieren. Hinter Salzburg war Eis gebrochen. Man machte Konversation. Sie stammt aus Porto Alegri – ich gleich: »Viertgrößte Stadt in Brasilien«, und studiert Philosophie in Heidelberg. Leider ohne Nachwirkung auf weibliche Logik. Hatte mir vorgenommen, das ganze Abteil ohne Selbstbekenntnisse zu interviewen nach Wohin, Woher, Warum und Abstammung. Gelungen. Einzelheiten erübrigen sich. Die Fahrt war angenehm. Man trennte sich in Graz. Hübsch war sie zweifelsohne. Zweifelsohne hat sich auch der beste Anzug gelohnt ...

Im prächtigen Liebmann-Bett (die neue Wirtin) erste Nacht verbracht. Heute Morgen habe ich schon den ersten und letzten Colloquium-Termin vereinbart für diese Woche. Will ordentlich rangehen. Alte Bekannte getroffen. Sogar der Wirt in meinem Standard-Lokal erkannte mich wieder. Prächtiger Sonnenschein heute Morgen, heute Mittag ist es aber saukalt. War schon im Kunstmuseum. Wärter war im »Vierzehner Jahr«, 1914 in Köln. Beabsichtige, dort mal ein Bild für spätere Wohnung zu erstehen (wie gesagt: heiratswütig). Preise sind annehmbar. Das wäre so der erste Bericht. Von Liebe reden wir später.

Küsse Fränzchen

Bin in 410 Stunden wieder bei Dir!

23. 4. 1959

Liebes Kleines,

endlich ist es wärmer geworden. Es gibt nichts Grässlicheres als den lieben langen Tag in der Uni und zu Hause in kalten Räumen rum zu hocken. Draußen lässt sich viel besser arbeiten, leider sehr schlecht schreiben. Habe heute mein letztes Colloquium in Wirtschaftsgeografie gemacht – natürlich »1«. Ist ja auch mein Lieblingsfach. Die Benotung meiner 4 Colloquien geht jetzt von vorne nach hinten: 4, 3, 2, 1. Dabei war die »4« in Rechtsgeschichte absolut nicht nötig. Aber das ist ja schon her. Heute hole ich mir das erste Thema für meine beiden Übungszeugnisse. Dann bräuchte ich noch Einreichen der Dissertation nur noch das II. Rigorosum als Prüfung über mich ergehen lassen. - Doch lassen wir das Studium mal links liegen. Zu Deinem Brief: 1. War der Wisch nur mit einer 20 Pfg. Marke beklebt statt 40 Pfg. Hat aber keiner gemerkt. 2. war die Adresse falsch. Hast 10 abgezogen bei der Hausnummer. Richtig ist die Nr. 29. Demzufolge landete Dein Brief erst heute bei mir. Normalerweise wäre er gestern dicke hier gewesen. Du bist schon ein vergessliches Mädchen. Verlässlich wäre mir lieber. (Trifft allerdings mit einigen Ausnahmen auf Deine Zugauskünfte zu. Trete mählich dem Gedankengang näher, dass Du doch Ferien in Graz machst. Wie wäre es ab 18.

*Juni? Den 17. (Volksfeiertag) kannst Du dann noch so mitneh-
men. Hoffentlich scheitert es nicht an finanzieller Misere. Neue
Kleider bräuchtest Du ja nicht. Überleg Dir es noch mal
gründlich. Die Frankreich-Idee können wir festhalten. Mit dem
Führerschein in Graz wird es klappen. Gilt auch höchstwahr-
scheinlich in Deutschland. Habe mich schon eingehend erkundigt. Werde ihn also im Juni machen. Habe bisher dem Schloßberg noch nicht Reverenz erwiesen. Heute geht es nicht, da ich
heute Nachmittag noch Vorlesung habe. Die Vorlesungen fangen meist erst nächste Woche an. Man lässt sich hier Zeit ...
80 Prozent der Trennung liegen noch vor uns, aber ein Fünftel
ist Gottlob schon vorbei. Und wenn Du Mitte Juni kämst, wäre
es nicht gar so lang beim zweiten Mal ...
Eine ganze Menge süßer Küsse* sendet Dir Dein Fränzchen.
alles leider nur Papier.

Graz, 29. 4. 1959
Liebes Füchschen,
*mal wieder prächtiges Wetter heute, aber nichtsdestotrotz
scheint sich bei mir ein grippaler Infekt anzubahnen. Meine
erste Lenz-Verkühlung. Keineswegs das Resultat einer nächtli-
chen Ausschweifung, sondern das Ergebnis der Differenz zwischen äußerer Wärme und innerer Kälte (rein klimatisch, versteht sich). War gestern im Theater. Schauspiel: »Unverhofft«
von Nestroy. Viel Lärm um ein Baby, das anfänglich keiner,*

später alle haben wollten. Woher es kam, war wenig ersichtlich. Reiner Millowitsch auf weanerisch. Es wurde gelacht. Nun ist schon die Hälfte der Trennung überstanden. Es geht bergab bzw. Bergauf, wie man es nimmt. Habe heute auch ersten Eltern-Brief erhalten. Meinem Vater geht es ganz gut. Habe mittlerweile den Tag unserer Verheiratung anberaumt, allerdings nur unter der Voraussetzung, dass alles klappt, wie bisher. Mitteilen werde ich ihn Dir einen Monat vorher, bis dahin kannst Du fragen. Um gleich diesem an sich erfreulichen Aspekt noch einen erfreulicheren zuzugesellen. Die Grazer Maderln sind noch hübscher geworden. Geradezu herzig. Man weiß gar nicht mehr, wohin mit den Augäpfeln. Es ist schon eine Anstrengung. Bemühe mich aber, auf dem Laufenden zu bleiben. Habe ich Dir schon geschrieben, dass ich mir einen Vollbart wachsen lasse? Er ist 10 Tage alt. Du kennst mich nicht mehr wieder. Man tut, was man kann. (Anmerkung: Er weiß, dass ich bärtige Männer nicht mag.) Hoffentlich hast Du Dich nicht allzu sehr gelangweilt. Schließlich sind noch zwei Sonntage vor unserem Wiedersehen: 1. Mai und 3. Mai. Was macht Deine krummbeinige Errungenschaft? (Architekt, mit dem ich mich angefreundet habe und für den ich gerade die Unterlagen für Architektur-Wettbewerbe schreibe. Gustav Adolfs Page ist unterwegs. Mein Bruder nennt ihn »krummbeinigen Dackel«). Mein Terminplan ist mit Testatjagden überfüllt, werde ich jetzt schließen und morgen weiter schreiben.

Ganz große Küsse von Deinem Franziskus (von Sales)

Donnerstag
Noch 198 Stunden.
Leider kann ich Deinen heute eintrudeln müssenden Brief noch nicht beantworten, da die Post scheint es, vor 12 Uhr nicht mehr kommt. Und bis dahin muss dieser Brief weg. Wetter ist regnerisch, meine Stimmung aber eine gehobene, denn schließlich dauert es nur noch kurze Zeit bis zu unserem ersten »mündlichen« Kuss. Leider wird nie was Rechtes auf dem Bahnsteig draus. Irgendwie sind wir gehemmt. Um so ungehemmter ..., aber lassen wir das. Für später. Sei schön brav (das sagte ich bereits in Mönchengladbach auf dem Bahnsteig) und lass Dich ganz, ganz herzlich grüßen von Deinem sehnsüchtigen Fränzchen!
PS: Sehr wichtig: Deinen letzten Brief schickst Du am besten Sonntag ab, da mich Mittwoch die Post nicht mehr erreicht. Also Sonntag, 3. 5. Brief.

1. Mai
Aprilwetter. Launisch, Meinen Bettpfuhl habe ich spät verlassen. Meine Stimmung ist erwartungsvoll. Noch 174 Stunden (38%) liegen vor uns. Nächsten Freitag sehen wir uns – also genau in einer Woche. Übrigens ist Dein Brief gestern doch noch gekommen. Mit Deiner Bewerbung bin ich natürlich ein-

verstanden, vorausgesetzt, wenn alles klappt, nicht soviel Arbeit damit verbunden ist, dass Du zum Skelett abmagerst. Wenn mir die brutale Gleichung erlaubt ist, mir ist lieber eine Sandy mit 300 Mark und 100 Pfund Gewicht (natürlich auch noch zu wenig) als eine mit 500 Mark und 90 Pfund. Du siehst, Geld allein macht nicht glücklich, eher Deine Gewichtszunahme.

Heute 2015 ist es eher umgekehrt. Die jungen Frauen fürchten jedes Pfund zuviel, und auch die jungen Männer scheinen superschlanke Frauen lieber zu mögen. Damals in den 50er Jahren wurde Anna auf jedem Bahnhof auf die Waage geschleppt und es wurde kontrolliert, ob sie zugenommen hatte. Heute, 2016, hätte Anna - obgleich immer noch verhältnismäßig schlank - auch lieber 10 Pfund weniger. So ändern sich Zeiten und Menschen. »Fränzchen« wird auch als alter Mann noch Menschen befragen, ohne sich selbst zu offenbaren. Ich mache immer noch Flüchtigkeitsfehler.

Samstag, zweites Mai!
Wieder ein Sonntag vorbei – mit Messebesuch. War ganz interessant. Trotz etlicher Bitterliköre am alten Stand. Ich ging dann an den Schießstand, wobei ich mutmaßlich wegen der Liköre eine sichere Hand hatte. Jeder Schuss – ein Treffer. Hatte auch einen Storch getroffen und ihn wieder zurückgegeben.

War zu hässlich. Kam ich von der Messe. Schauen alle himmelwärts. Kein Flugzeug, nichts. Ich denke weshalb und frage einen Passanten. »Störche«, sagt der. Und dann sah ich sie. Majestätisch ihr Flug. Nie gesehen. Doch dann kamen Assoziationen. Störche über Graz? Darf Sandy dann hier Ferien machen? Wie leicht könnte einer dieser Viecher ihr ins linke Bein beißen. Also: Vorsicht, Vorsicht! Wetter ist momentan hübsch kühlig. Lockt gar nicht zum »Draußen verweilen« und macht meine Sehnsucht zum Rotschöpfchen nur noch größer. In Graz gibt es aber auch nicht eine allereinzige hübsche Rothaarige. Das ist der einzige Mangel dieser Stadt. Was Deine Bewerbung anlangt, glaube ich nicht, dass Du eine reelle Chance hast, zumindest nicht ohne Farbfoto. Die suchen sicher ältere Semester. Und wenn man Dich wegen Deiner Jugend nimmt, umso schlimmer für mich. Und den Planungsamt-Lenz wirst Du höchstens nur noch als »Dame – Gattin« schieben können.

(Die Dame – Gattin – Mutter werde in einigen Jahren sein. Aber ich werde bald erkennen, dass ich für die Aufgabe wenig geeignet bin. Das ist ein anderes Thema, das später verfolgt wird.)

Die geplante Reise im Juni 1959 findet offensichtlich nicht statt. Sie wird zu einem späteren Zeitpunkt gemacht werden.

Die Briefe gehen weiter hin und her. Drei bis vier Briefe werden sie sich gegenseitig in jeder Woche schreiben. Sie werden sehnlichst von beiden erwartet. Zwischendurch gibt es Wiedersehen in Viersen und Duisburg.

Supersommerlicher Samstag, 6. Juni 1959

... Habe Passbilder machen lassen müssen. Eins ist beigefügt. So ungefähr sehen Fotos von potentiellen Verbrechern aus. Weder Du noch ich sind letzten Endes ins Kino gegangen. Obwohl wir es uns beide vorgenommen hatten. Sind wir sparsamst!!! In der Politik hat der Alte von Rhöndorf Sondertouren drauf. Will Kanzler bleiben. Ist das ein vergnügliches Hin und Her. Kann der SPD zwar nur nützen, schadet aber dem Staat. Hier in den Grazer Zeitungen steht die Geschichte auch in fetten Lettern. Schließlich kriegt man während der sauren Kirschenzeit nicht alle Tage solche Geschichten unter die Finger. So naht denn also der erste Sonntag mit Grausen. Habe schon ein Vorgefühl. Zunächst werde ich morgen einmal urlang schlafen und anschließend einen kleinen Spaziergang tätigen. Und dann! Mal sehen, was ich noch an Verkehrsregeln verdaue. An sich ist die erste Woche wie im Flug vergangen. Vermutlich werde ich auch in den nächsten Wochen ob des zu erlangenden Führerscheins alle Hände voll zu tun haben. Kann nur sagen, dass neben der üblichen Arbeit dieses Ziel schon sein zeittotschlagendes Gutes hat. 80 Prozent stehen noch bevor. 20 Prozent sind rum. Noch sind es flüssige Stunden für

mich, aber sie werden gewiss noch zäher. Beste 35° Grüße und 100° Küsse von Deinem fernen Fränzchen.

7. Juni 1959

Liebes Rotes,

Nr. 1 der gefürchteten Sonntage ist da. Sonnig, heiß, mit Motorenlärm geschwängert. Alles zieht ins Grüne und zum Wasser. Selbst die Liebmanns (seine Wirtsleute) haben sich auf ihre Barfüße gemacht und wandern ins Land. Bald ist Mittag und das Supermahl fällig. Essen betreibt man an solchen Tagen nur aus Selbsterhaltung aber ohne jedes Vergnügen – wie bei Klein-Erna (meine Mutter) gar nicht denkbar. Mittenmang durchs Fenster auf die andere Straßenseite geschaut sitzt auch bei offenen Gardinen mein weibliches Pendant. Auch sie schreibt, aber nur an ihre Eltern, denn ihr Freund wohnt wenigstens in Graz. Kurz nach Mittag pflegt er sie abzuholen. Unendlich trostvoll dieses Idyll. Weißt Du, heute hatte ich bei der morgendlichen Wäsche eine tausendstel Sekunde lang den verwegenen Gedanken, Du könntest klammheimlich mal nach Graz kommen. Aber der Hindernisse sind zu viele und zu hohe. Doch ein bisschen Fantasie muss man sich noch aufbewahren. Man müsste diese verflixten Sonntage totschlagen können. Eine Pille schlucken und dann 48 Stunden schnarchen. Aber das Thema verdient, fallengelassen zu werden. Man steigert sich noch ins Melancholische. Komisch ist, dass ich mich am Wochenende einfach scheue, in den Park oder auf den Schloß-

berg zu steigen. Die Massen sonntäglich gestimmter Menschen, die Unzahl friedvoller Pärchen machen mich krank. Mutmaßlich sitzt Du jetzt am Mittagstisch und eine Autofahrt über deutsche oder holländische Straßen harrt Deiner. Ein recht zweifelhafter Genuss, aber wenigstens etwas zerstreulicher als meine Situation. Werde es damit heute genug sein lassen und mich morgen weiter verbreiten. Zu tun habe ich ja genug, aber wer tut sonntags schon was, wenn er nicht gerade ein paar Tage vorm Examen steht?

Küsse Fränzchen

Graz, 14. Juni 1959

Sonntagabend 20 Uhr

Erster Sonntag rum. War mittags etwas mit Kollegen spazieren, der übrigens auch der heimatlosen Linken angehört (SDS). Dann solo ins Kino. »Die Fliege«. Geh um Gotteswillen nicht in dieses Machwerk. Bin zur Hälfte, da ich einen Nervenschock befürchtete, raus marschiert. Werde zeitlebens bei jeder Fliege von Angstvorstellung geplagt werden, wenn ich nicht den ganzen Käse vergesse. Ein so bluttriefendes Melodram ist selbst für meine »Godzilla« Nerven zu viel. Und dann quer durch den ganzen Film das Fliegengesumme – sss – sss – sss. Per Zufall entdeckte ich eben beim Klopapier eine Zeitung mit längerem Artikel über die Renault Florida, die im Herbst lieferbar sein wird. Neben dem bannigen Preis und einer um 20

km höheren Spitzengeschwindigkeit hat sie in allen Ausführun-
gen den Nachteil, zu klein für vier Personen zu sein. Anbei Bild
des schicken Gefährts. Wäre was für uns beide ... aber zwei
Mann incl. Kinderchens hinten sind noch nicht spruchreif in
unserem Etat. Soweit die Sonntagsnachrichten. Sie hören uns
wieder morgen früh. Bis dahin wünschen wir eine gute Nacht
(ohne Fliegengesumme)

Auch für mich sind die Wochenenden schwer zu ertragen, obgleich ich meist auch am Sonnabend bis 13.30 Uhr arbeiten
muss. Die 40 Stunden-Woche lag noch in ferner Zukunft. Angesagt war die 48 Stunden-Woche, Überstunden kamen hinzu.
Fanny schreibt noch einige Briefe, die mit der Schreibmaschine
getippt sind. Zu diesen Briefen nimmt er in seinem wieder
handgeschriebenen Brief am 14. Juni Stellung:

Liebe Sandy,
will mal wieder handschriftlich meine Meinung sagen. Entge-
genkommend wie ich bin. Ist zu würdigen. Zeit sieben Uhr,
Sonntag. Bin noch im Bett und bettig. Vor zwei Stunden war
die Hälfte der 642 Stunden um. Ein direkter Anlass zu tröstli-
chen Gedanken. Trinken wir einen – im Geiste. Tippe sozusa-
gen schon zwei Tage lang an einer Antwort rum. Konglomerat
größten Blödsinns. Unerträgliche Ödnis und kindliche Banali-
täten schmücken das Werk. Wird vernichtet. Darf feststellen:

Freitag und Samstag kam je ein Brief. Beide um 22.00 Uhr in Duisburg abgestempelt. Dafür brauchte der erste drei, der zweite zwei Tage Laufzeit. Da kenne sich einer noch aus. Indem ich letztbrieflich Schmähworte laut werden ließ, tat ich Dir »Bitteres Unrecht«. Die Post war der Schuldige. Wenn ich kurz das Standard-Thema Wetter anschneiden darf. Seit einer Woche regnet es fast ununterbrochen. Nur gestern Nachmittag, als die Polizei ein Platzkonzert im Park gab, war es warm und trocken. Die Polizeimusiker hatten vorher mit Petrus telefoniert. Soll ja jetzt möglich sein. Man wähle Sammelnummer »Himmel« und verlange den Portier.

Meine Seminararbeit dürfte heute – bei diesem Geplätscher – fertig werden. Anschließend werde ich mich wieder auf die Doktorarbeit zu konzentrieren haben. War sonst fleißig. Habe zwei Knöpfe angenäht. Fahrschule alles beim Alten. Mittwoch wird ja wirklich praktisch trainiert. Theorie ist ganz schön aber wenig interessant auf die Dauer. Muss ja Deine Kinowut sehr tadeln, obgleich ich auch diese Woche 2x im Zeitkino und einmal im Film war. »Tollpatsch«, eine Lustspielklamotte von 1953. Lachen konnte man nur über den primitiven Screen (Drehbuch). Selten so enttäuscht. Bisher habe ich von Eltern noch nicht die Spur einer Postalie bekommen. Ein herzloses Volk. Nächste Woche habe ich schwer was vor. Zunächst Theaterabend »Arsenik und Spitzenhäubchen«. Nach dem Film. Ist eine köstliche Geschichte. Auch hierin werden Panama-Kanäle

gegraben. Im Gegensatz zum Film schaffen die Damen doch noch den 13. Mord: Den Direktor der Irrenanstalt, der sie abholen soll. Und dann Weltmeisterschaft im Handball. Spiel: Deutschland : Österreich B am Donnerstag hier in Graz. Österreich B vertritt das abgesagte Spanien. Wird aber spannend. Werde mir die Kehle heiser schreien für die natürlich siegenden Gesamtdeutschen. Sei's denn. Melde mich morgen wieder. Lies nicht so viel! Verdirbst Dir Deine grauen Augen! Und dass Du mir schön zugenommen hast. Du weißt, in Graz trägt man Figur und das vergleiche ich kritisch.
Vorsicht! Küsse! Gefahrenzeichen
Dein Fränzchen

Graz, 16. 6. 1959
... Kurz vor der Vorlesung noch der Bericht zur Lage. Krawatte angekommen. Primstens. Gefällt mir großartig. Geschwellte Brust. Mit dem Stellenwechsel das überleg Dir man gründlich. Wir sprechen noch darüber. Heute Morgen absolvierte ich meine erste Fahrstunde. Ein blutjunger Fahrlehrer, der es mit der »Genfer Konversation« hatte, das Wort ist doppelt falsch, denn wenn schon hieße es »Konvention«. Das ist aber die Gründungsakte des »Roten Kreuzes«. Was er meint, ist das Genfer Protokoll über den Verkehr. Ich hüte mich, ihn aufzuklären, behandle ihn wie einen Herrenmenschen und denk mir das meine. Zweimal habe ich den »Fiat 1100« abgewürgt, zu

Beginn und kurz vor dem Ende, als ich ganz klug sein wollte. Aber es klappt schon ausgezeichnet. Zuerst war ich höllisch nervös. Der Stadtverkehr ist grauslig und ich hatte auch schon das Vergnügen, im Berg anfahren zu dürfen. Glaube es bis zum 25. nach vier bis fünf Stunden geschafft zu haben. Ist reine Gefühlssache. Was man im Kopf hat, ist noch lange nicht in den Beinen. Meine Mutter hat auch mal was von sich hören lassen. Alles wie eh und je. Du wirst ja heute sehen, was los ist. Für Euch ist bekanntlich Sonntag.

Graz, den 18. 6. 1959

Erdbeeren mit Sahne. Ha, das schmeckt. Gerade gegessen. ½ Pfund Erdbeeren, 1/8 Liter Sahne und ein bisschen Zucker. Kosten: 1 Mark. Alle Tage kann man das vertragen. Habe mich, wie Du bemerkst, entschlossen, doch handschriftlich zu bleiben. Stimmt schon, die Maschine ist zu unpersönlich. Soeben zweite Fahrstunde absolviert. Bestens geklappt. Noch ein oder zwei Stunden vor der Prüfung nächste Woche brauche ich höchstens, meinte der Fahrlehrer. Die anderen habe ich streichen lassen. So kostet der Führerschein mit Passfotos und allem drum und dran 89 DM höchstens. (Annas hat einige Jahre später 700 DM gekostet, das wird oft mit ein wenig Häme kommentiert.) Hat sich also gelohnt. Vor Freude über den Erfolg aß ich oben erwähntes Rezept und kaufte noch zwei Zigarren zusätzlich. Habe heute auch die Rückfahrkarte erstanden. Ist *also alles festgelegt. Klappte alles ohne Schwierigkeiten, denn die Bundesbahn lässt plötzlich auch wieder nur »einfache Fahrt« ausstellen. Ein wankelmütiger Verein. Um vier Uhr sind 2/3 unserer Trennung überstanden. Das letzte Wochenende wird auch noch rumzukriegen sein. Obgleich es erfahrungsgemäß das Trübe ist. Habe dann immer so bettige Träume und bin ganz närrisch. Du kannst Dich schon auf was gefasst machen. Vier Wochen sind 'ne lange Zeit. Ich werde ganz brutal sein ... Das Programm für Samstag, den 27.6.59 steht. Um 13.33 Uhr komme ich mit dem Zug in Duisburg an. Um 15.30 Uhr fahren wir dann von Duisburg wieder los nach Viersen. Erstens wollen mich ja am ersten Tag meine Eltern wieder sehen und zweitens und überhaupt kommt nur Viersen in Frage. (Anmerkung: In Duisburg wäre »miteinander schlafen« unmöglich gewesen.) Ich freue mich in jeder Hinsicht.*

Grüße an alle und ganz heiße Küsse für Dich von Deinem Fränzchen.

PS. Sei recht flätig und schau zu, dass Du noch ein paar Pfündchen zunimmst. Ich werde Dir dann Samstagnacht sagen, wo Du dicker geworden bist.

Dein ganz schlimmes Fränzchen. Noch zwei Briefe, die Du Mittwoch und Freitag bekommst.

Samstag, den 20. und letzten in Grazer Gefilden vor meiner Heimkehr.

Gott sei´s gelobt. Heute gab es Post von dir. Ja, wenn Du bei Deiner neuen Stelle für 500 Mark nicht allzu viel arbeiten musst, überleg` ich mir nachgerade, ob ich Dich nicht flugs heirate und noch zwei Doktortitel zu erwerben trachte. Dann hieße es DDDr. usw. Arbeiten brauche ich dann ja nicht. Was sollten wir mit all dem Geld. Bleib lieber noch bis zur nächsten Gelegenheit auf dem Planungsamt. Weißt Du, Geld verdienen sollte nie mit Arbeit, aber mit Kurzweil verbunden sein.

Winni (Anmerkung: Einer seiner besten Freunde, der jüngste Sohn einer großen katholischen Familie, und für das »Priesteramt« bestimmt) ließ durchblicken, dass die Freiburger Madln sich durchaus mit den Grazien messen könnten. Und wörtlich heißt es weiter: ... »Und finde schließlich, dass man auch in Bonn ab und zu ein gelungenes Geschöpf findet, dass dem lieben Gott zur Ehre und Freude gereicht.« Dass er auch nie den lieben Gott aus dem Spiel lassen kann ... Aber es ist schon ein schwieriges Kapitel für einen Priesteramtskandidaten seinem Vergnügen an holden Weibchen markant Ausdruck zu geben. (Anmerkung: Winni wird später sein Priesteramt wegen einer Frau niederlegen. Er wird aber immer hin- und her gerissen sein zwischen seiner Berufung und der Freude am weiblichen Geschlecht. Er wird sehr früh sterben.

Mein Vater schickte mir auch den ersten Brief, nachdem ich ihm einen über Theo (der Bäckergeselle) habe zukommen lassen (Anmerkung: Das ist eine Aussage über den Zustand der Ehe der Eltern von Fanny. Sie lebten nebeneinander her und keiner durfte vom anderen wissen, war er tat. So bekam auch ich von meinem Schwiegervater immer wieder mal Geld zugesteckt, vor allem auch für die Hochzeitsreise). Ich habe ihm über meine Führerscheinfortschritte berichtet. Er war der erste Brief, den ich im Leben von ihm bekommen habe. Ein zu feierndes Ereignis. So war also heute Posttag und Geldtag. Alles erfreuliche Dinge. Noch nicht mehr 168 Stunden trennen uns. Nächsten Samstag um diese Zeit haben wir uns schon 10 Minuten wieder. Aussichten sind das. Aber vorerst heißt es noch, die letzten Tage überwinden.

Fanny verbringt dann die Semesterferien in Viersen und Duisburg. Fanny und ich sehen uns oft und lieben uns heftig. Den Führerschein bringt er auch mit. Die Treppen im Hause der Eltern knarren an Wochenenden laut und vernehmlich. Der Schwiegervater lächelt verschmitzt und freut sich ganz offensichtlich mit den beiden. Die Schwiegermutter und meine Eltern schweigen. Die Eltern kaufen einen Renault Dauphin, den ausschließlich Fanny fährt. Ende Oktober ist er dann wieder in Graz. Der erste Brief ist datiert auf den:

29. Oktober

Liebes Füchschen,

zunächst mal tausend Entschuldigungen für die Tipperei. Aber meine Hände sind vom Chauffieren noch so klamm, dass ich kaum ein paar leserliche Zeilen zuwege bringe. Es soll bei diesem Maschinenschrieb bleiben. Gestern Abend bin ich bei strömenden Regen eingefahren. Die letzten 50 Kilometer von Bruck nach hier waren tüchtig feucht. Sonst hatte ich fast ideales Wetter. Aber Dir wird's auf der Zunge liegen, wie ich den Wagen losgeeist habe. Ganz einfach. Da meine Mutter fürchtet, dass Vater wieder einen Rückschlag bekommt, meint sie, ich wäre schneller wieder zu Haus. Außerdem ist die Fahrt viel billiger mit dem Auto. Heute Morgen landete pünktlich Deine Briefkarte. Aber wir werden uns ja bald Wiedersehen. Wenn ich meine Arbeit abgebe, verbinde ich das mit einer kleinen Ferientour mit Dir nach Graz. Wird Ende November sein, vermutlich. Kleiner Lohn für die nach meiner Rückkehr mit Volldampf startende Abschrift meiner Arbeit. Bis dahin wird sich ja auch bei uns einiges geändert haben. Habe nicht übel Lust, Dich wieder mal herzhaft zu küssen. Wie wäre es mit zwei Tagen Deutschlandsberg, wenn wir nach Graz fahren.
Dein Fränzchen.

Der nächste Brief (wieder handschriftlich) klagt wieder über die Wehen des Sonntags. Spannend ist nur das PS. Da steht nämlich: Nimm nur weiter schön zu. Allmählich kriegst Du weibliche Formen, die Voraussetzung für unsere Heirat.

Graz, den 3. November 1959
Liebe Sandy,
lange nicht mehr gesagt oder geschrieben: Sandy. Aber ich stieß heute Morgen drauf – bei der großen Wäsche. Hab dabei auch den Ring gesäubert. Ja, und da stand es. Gestern ist Dein erster richtiger Brief angelangt. Noch ein bisschen arg kurz, aber ich hab mich sehr gefreut. Von meinen Altvorderen bin ich bislang noch nicht mit einem Lebenszeichen versehen worden. Anscheinend hat sich zuhause nichts Sonderliches getan, anders wäre schon einer der bekannten und gewissermaßen berühmt-berüchtigten Brandbriefe meiner Mutter angespült worden. Sonntag war ich in Deutschlandsberg. Ich musste hin, und habe Erinnerungen aufgewärmt sowie ein Rehschlögel für 14 Schilling verspeist. Man hat mich nicht erkannt. Die Gegend ist immer noch wunderbar und so recht erst mit dem Auto zu genießen. In 40 Minuten ist man von Graz da. - Der Tag war genau so sonnig wie damals, nur kälter. Der Rest meiner Gedanken ist tabu – fürs Papier. Er bewegt sich in gewissen elysseischen Gefilden. Ich werde Montag oder Dienstag die Rückfahrt antreten. Mittwochabend habe ich wieder eine Parteisitzung. Ich kann Dir aber schon heute eröffnen, dass Du für

*den Parteitag in Bad Godesberg entschädigt wirst. Wahr-
scheinlich direkt drauf oder ein paar Tage später werde ich einige Tage bei Euch hausieren, denn wegen des Abtippens der
Arbeit und allfälligen Korrekturen müssen wir schon »notge-
drungen« Kontakt halten. Die restlichen Seiten kann ich genau
so gut bei Euch schreiben. Noch zwei Briefe aus Graz. Der
Rest wird mündlich erledigt. Küsse. Dein Fränzchen.*

Meine Erinnerungen an Deutschlandsberg und die Tage des
Tippens seiner Doktorarbeit sind gelöscht. Nichts mehr da.
Bleibt die Frage: Wie war das mit dem Schreiben in der kleinen »sozialer Wohnungsbau-Behausung« möglich? Aber damals waren alle nicht so anspruchsvoll. Im nächsten Brief teilt
er mit, dass es für ihn in Graz nichts mehr zu tun gibt und er
fragt an, ob er ein paar Tage früher kommen könne. Am 13. Januar 1960 kommt dann wieder der erste Brief aus Graz. Dieses
Jahr wird ein ganz besonderes werden. Was wird er da wohl
schreiben? Es folgen zwei Briefe von 17. und 18. Januar.
Nichts Erwähnenswertes.

Graz, den 21. Januar 1960
Liebes Füchschen,
*ganz überraschend briefte es heute aus Duisburg. Bist eine
fleißige Skribeuse. (Das ist ein Deutsch, was?) Bin heute heiteren Sinnes – Erstens wegen der unerwarteten Postalie und*

zweitens wegen des Föhns. Muss ich Dir erzählen. Das erste Mal in meinem Leben habe ich Föhn erlebt. Man liest ja so allerlei drüber, aber beschreiben lässt sich's kaum. Gegen Abend heulte gestern urplötzlich ein böiger Wind. Mir wurde ganz komisch zumute – in Grenzen natürlich. Als ich heute Morgen aufwachte und auf die Straße sah, war der größte Teil des Schnees weg. Plötzlich war es mindestens 10-15 Grad wärmer und dabei der heiterste Winterhimmel, der in unseren Zonen unweigerlich scharfen Frost nach sich zieht. Hier nicht. Richtiges Spazierwetter und so gutlaunig wird man. Ganz erstaunlich. Habe heute mindestens mit der doppelten Arbeitswut gewullackt wie sonst. Leider fehlt mir noch das Material aus Godesberg, dass ich aber morgen oder spätestens Montag erwarte. Bis dahin stört es mich noch nicht. Du empfiehlst mir immerzu, dieses oder jenes Buch zu lesen, aber Du weißt auch ganz genau, dass ich vorläufig überhaupt nicht dazu komme. Meine Bettbeschäftigung besteht im Entwurf einer Graz-Auto-Fahrt Ende März, die ich unbedingt, um alle Termine zu sichern, unternehmen muss. Es würde zu weit führen, Dir den ganzen bürokratischen Käse aufzuzählen, der einem harrt. Diese Fahrt dauert genau acht Tage und soll nebst Sozia Sandy stattfinden. Geht das? Wir können am Samstag 26. losgondeln, fahren bis München am ersten Tag. Am Sonntag bis Graz, bleiben zwei Tage dortens wegen der zu erledigenden Dinge und setzen uns dann nach Wien ab. Dann nach Salz-

burg. Quer durch das Frankenland bis etwa Rothenburg ob der Tauber. Dann nach Hause. Rückfahrt dauert vier Tage und sollte uns neben Theaterbesuchen eine Vorfrühlingslandschaft ohne Fremdenverkehr erleben lassen. Kostenpunkt pro Nase höchstens 200 DM. Habe das äußerst genau ausgerechnet und nicht zu knapp. Wie meinen, gnädiges Fräulein? Einverstanden? Noch ist's nicht 100%ig. Aber Du kannst Dich mit dem Gedanken vertraut machen. Macht 5 Urlaubstage. Den Samstag rechnet Dir der Schroer aus humanen Erwägungen kaum an. Wie steht das eigentlich mit Deinem diesjährigen Urlaub. Ist der nicht verkürzt wegen des schon am 31. 12. auslaufenden Etatjahres. Erkundige Dich doch mal geflissentlich. Wenn dieser Wisch bei Dir landet, ist das erste Drittel der Trennung fast geschafft. Es ist eine lange Zeit dieses Mal, aber es muss ja sein. Ich darf gar nicht an die letzten Wochen denken. Die sind immer die Schwersten. Doch das alles sind alte Kamellen, die man aber immer wieder lutscht. Werde mich beim zweiten Wochenende in Arbeit ertränken. Sonst gibt es keine Möglichkeit. Dünne weite Grüße über 1100 km Europa sendet Dir Fränzchen.

Graz, den 24. 1. 1960
Sonntag Nr. 2. Gestern ein sehr, sehr lieber Brief von Dir. Dein bester. Bin ganz angetan. Ein guter Trost für das zweite Wochenende. ...

Hier hat gerade die Ball-Saison begonnen. Gestern waren die Liebmanns auf dem Gärtnerball. Alles Blumen. Die Frau Wirtin blieb allerdings daheim. Angeblich wegen Schnupfen. Den hatten die anderen aber auch. Unter der Hand erfuhr ich dann: der Herr des Hauses könne sich in Gegenwart seiner Frau nicht so gut amüsieren. Da bleibt einem die Luft weg. Dir bestimmt. Tochter Renate nebst Freundin in Prachtgewändern dekoriert. Ja, zu glänzen verstehen die Austrianesen nach außen, »Doch wie's da drinnen (Wohnung) aussieht, geht niemans was an.«

Frei nach Land des Lächelns von Franzl Lehar. In recht trauriger Sonntagslaune bleibt wieder das briefliche Abschiednehmen. Sei's denn. Grüße, Wünsche und Küsse von Deinem Fränzchen.

Der folgende Brief ist vom 26. 1.. Fränzchen stöhnt über den Föhn und stetige Müdigkeit. Durch vorherige Briefe hatte Anna den Föhn nachgerade lieb gewonnen. Nun doch nicht.

Graz, den 28. 1. 1960

Garstiges Mädchen,

flattert da kurz vor dem Essen Dein letzter Wisch auf meinen Tisch und was lese ich: Meine Briefe sind zu kurz. Da muss ich auch Deine ziemlich kurzen Schreiben tadeln darauf hinweisen, je mehr ich zu berichten hätte, umso schlechter wäre das für meine Arbeit. Aber lassen wir das. Im Grunde kennen wir uns mit unseren Fehlern schon ziemlich genau, zudem bleibt das Milieu das gleiche, Orte und Personen, Weltbewegendes ereignet sich schon gar nicht. Was es noch zu schreiben gibt, ist wenig. Natürlich könnte man trotz allen Einwendungen noch ein einigermaßen lesbares Produkt verfertigen. Fangen wir an. Gedanken, die mir beim Betrachten zweier Briefmarken mit Blumenmotiven kamen. Ein Buschwindröschen und eine Primel. Es wurde ein »Zitteraal«-Gereime, das gestern Abend im Bett entstand:

Ein Buschwindröschen war sehr
stolz auf seinen langen Namen.
Als in dem Garten nebenan zwei Primelbeete kamen,
verglich es gleich die Silbenzahl mit „Pri – mel"
und erkannte,
dass diese kleine Blume nur
zwei-silbig sich benannte.
Alsbald tat sie's mit den anderen
kund und sonnte ich im Ruhme.
Die Primel aber zog schnell gleich
und nannt sich Schlüsselblume.

Vielleicht ist Dir nach noch einem Poem zumute, dass ich gerade verfertigt habe. Vor einer Minute.

Ein Badehosenfabrikant stand kurz vor seiner Pleite.

Der Kuckuck hing an jeder Wand.

Kein Wunder, denn es schneite.

In seiner übergroßen Not fiel ihm ein Ausweg ein:

ich schlag die Rundfunksprecher tot,

die das Wetter prophezeien.

Gesagt, getan. Der Massenmord fand kurz darauf auch statt.

Und jedermann in jedem Ort und in der fernsten Stadt

vernahm aus seinen Apparat: 'ne Hitzewelle ist im Kommen.

Wohl dem, der Badehosen hat, dem

wird der Schweiß genommen.

Und kurz darauf trotz strengen Frost sah

man die Leute laufen. Sogar per Bahn und

mit der Post begann das Hosenkaufen.

Der Badehosenfabrikant erhielt zwar lebenslänglich.

Befragt nach der Geschäfte Stand war er

ganz überschwenglich. ...

Damit soll's aber genug sein. Hoffentlich steckt Dich meine Dichteritis nicht an. Neues gibt es nicht zu berichten. Ich wünsch Dir am Sonntag bei meinen Eltern ein angenehmes Fernsehprogramm und werde meinem Geist Bescheid geben, Dich auf dem Bahnhof zu empfangen. Wenn ich sonst nichts hinzufüge, so habe ich doch vieles zwischen den Zeilen zu sagen.

Grüße und Küsse. Dein Fränzchen.

Der nächste Brief stammt vom 30.3. und birgt die Überraschung des Jahres 1960. Offensichtlich hat Fanny eine längere Zeit in Viersen und Duisburg verbracht, ich erinnere mich nicht genau. Diese Monate engen Beisammenseins hatten Folgen. Im ersten Teil des Briefes vom 30.3.1960 berichtet er, dass sich die mündliche Prüfung verschieben wird, weil sich der Professor auf Auslandsreise befindet.

Dann folgt:

Sollte sich andererseits eine gewisse Vermutung hinsichtlich Kai – Uwe – Jens – Frank bestätigen, ist es nicht zu verantworten auf Kosten weiterer Monate die USA-Reise zu verwirklichen. Ich will in diesem Semester endgültig fertig werden und nicht alles auf die lange Bank schieben. Ich glaube, Du wirst Verständnis dafür haben. Je länger die beiden Faktoren: Termin und Vatersorgen auf mich einwirken, umso ungelegener und unverantwortlicher erscheint mir die Amerika-Fahrt. Jedenfalls ist mein Gewissen äußerst beunruhigt. Und schließlich würde ich in den Staaten herumgondeln, während Du gewisse Sorgen alleine zu tragen hättest. Wenn ich zurückkomme, werden wir uns noch mal darüber aussprechen und das Neueste in Rechnung stellen ... Dem Huppertz Franz sage ich vorsichtshalber schon Bescheid und motiviere das ganze mit Terminschwierigkeiten bei meiner Promotion. Machen wir halt ne schöne Hochzeitsreise. Allerdings unter »Kai-Zeichen« nicht nach Irland. - Habe für die Rückfahrt schon versucht, Mitfah-

rer zu engagieren. Der Bescheid einer Münchener Firma steht noch aus. Bin gespannt, ob es dieses Mal klappt. Freitag in einer Woche werde ich gegen Abend mal in Duisburg vorbeischauen. Leider habe ich um 19.30 Uhr Vorstandssitzung, werde aber Samstag nach Schluss der Landeskonferenz in Düsseldorf wieder vorbeikommen. - Sei mein kleines Liebes, sei vorsichtig und lass Dich heftig küssen von Deinem Fränzchen

Ich habe in dieser Zeit ganz andere Sorgen. Im letzten Brief kündigt sich an, wie meine Zukunft aussehen wird. »…werde gegen Abend mal in Duisburg vorbeischauen.« Am Wochenende Landeskonferenz in Düsseldorf. Anna wird zur »Wartenden« werden. Andererseits steht er »ohne Wenn und Aber« zu seiner Verantwortung. Die Ehe, die unter dem Druck eines zu erwartenden Kindes geschlossen wird, wird nicht gut enden. Ich werde diejenige sein, die aus der Ehe ausbricht. Ich werde mich in einen anderen Mann verlieben.

Es gibt noch einen Abschiedsbrief vom 18. August 1975:

Liebe Anna,
jetzt sind es noch zwei Wochen bis zum Ende der Kur. Ich fühle mich wohler und hoffe, dass alles gesundheitlich nützt. ...
Was Deine letzten Sätze in Deinem Brief anlangt, ich habe auch später nicht die Absicht, mit Dir auf Rechtsantwaltsebene

Fanny und Anna – für beide die erste große Liebe – werden sich trennen. Es wird nicht leicht für beide werden. Das Paar trennt sich, die Familie mit zwei wunderbaren Söhnen bleibt. Nach der Scheidung gehen beide gemeinsam Kaffee trinken. Auf meinen Wunsch. Fanny wird nie vergessen, mich am Kennenlerntag, dem 14. August, anzurufen. Viel später einmal wird ein furchtbarer Schicksalsschlag noch einmal bewirken, dass die beiden Paare Fanny und Elke, Anna und Manfred freundschaftlich miteinander umgehen.

Intermezzo 2 am 27. April 2015

Die Waldorfschule Neumünster feiert ihr 25jähriges Bestehen. Viele Frauen haben fleißig viele kleine Leckereien gekocht, gebacken, gebraten. Gegen eine kleine Spende (oder auch ohne) werden sie angeboten. Eine Band spielt und singt Lieder. Kinder sitzen auf dem Pflaster des Großfleckens und hören zu. Eine fröhliche Atmosphäre. Manfred und ich kommen mit einer jungen Frau ins Gespräch. Manfred erzählt – was er gerne erzählt - junge deutsche Frauen haben, anstatt Kinder zu bekommen, heutzutage einen Hund oder 2 – 3 Katzen. Ob denn

Integration bedeute, dass auch die türkischen Frauen nun, anstatt 2-4 Kinder zu bekommen, auch Hunde pflegen sollten? Die junge Frau bleibt ganz ruhig. In mir beginnt es zu brodeln. »Ich wollte ein Kind«, sagt sie. »Mein Freund nicht. Ich habe dann trotzdem ein Kind bekommen. Daraufhin hat mein Freund mich verlassen. Er wollte lieber Lifestyle.« Sie kenne viele junge Frauen, denen es ganz ähnlich ergangen sei. Kinder sind anstrengend und kosten eine Menge Geld. Sie bringen statt »Lifestyle« vor allem in den ersten Jahren viel Arbeit, Geschrei - vor allem nachts - und manchmal auch Sorgen mit sich. Auch mein »Fränzchen« wird nicht viel daheim sein. Auch er wird mich – trotz guten Willens - zur alleinerziehenden Mutter machen. Trotzdem gibt es einen großen Unterschied. Fanny stand zu seiner Verantwortung.

Fanny und Anna heiraten Anfang Mai 1960 standesamtlich. Am Pfingstsamstag, dem 4. Juni, findet dann die kirchliche Trauung statt. »Fränzchen« steht unter Stress, das zeigen seine Briefe sehr deutlich. Die mündliche Prüfung steht bevor und nun soll/muss/will er auch noch heiraten. Ich habe eine Menge Wünsche. Beide Elternpaare sind mit Geld nicht gerade gesegnet. Ein Hochzeitskleid, ein schwarzer Anzug, Hochzeitsanzeigen, ein Hochzeitsessen im besten Restaurant Viersens sind zu bezahlen. Fanny kümmert sich sogar um die Kostenaufstellung für das Baby und sendet ihr diese aus Graz. »24 Mullwindeln sollen aber nicht genügen«, im Übrigen werden wir papierne nehmen. Wie fortschrittlich. Aber ich lerne in der Mütterschule, dass es drei Windeln sein müssen. Eine Mullwindel, ein Dreieckstuch und ein Moltontuch. Das Babys Beine bewegen, war nicht vorgesehen. So wird es dann auch gemacht. Ich will, dass er einen Zylinder trägt. Heute 2015 kann ich das kaum glauben. Was war ich bloß für eine dumme Gans.

Er schreibt am 19. Mai: *Wenn Du mich mit Gewalt vom Heiraten abbringen willst, verfolge nur fürderhin die Zylinder-Idee. Du wirst es kraft dessen noch schaffen. Mir graust's.*

Über 100 Heiratsanzeigen wollen er und seine Familie versenden. Ein paar brauchen auch meine Eltern und ich. Jetzt graut es meinen Vater. Sie sollen 600 DM kosten. Die evangelische Anna wird katholisch heiraten. Das heißt »Brautunterricht«. Außerdem muss sie unterschreiben, dass sie ihre Kinder katholisch erziehen muss. So graust es nun auch mir. Der »Ernst des Lebens« holt urplötzlich beide ein und verändert vor allem mein Leben ganz entscheidend. Schwierigkeiten über Schwierigkeiten. Die Hochzeitsreise nach Irland muss natürlich ausfallen. Dafür wird es ein paar Tage in den Schwarzwald gehen. Von Beginn an wird nur darüber geredet, dass es ein Junge werden wird. Es wird dann tatsächlich ein Junge. Ihn kümmert das Ganze wenig. Er ruht in meinem Bauch und tritt kräftig. Ich werde nun zu: Liebes Kleines, liebes Lüttes, liebes lüttes

Fräuchen, liebes Fräuchen. Lauter Verniedlichungen. Was soll ich heute, 2016 davon halten?

In meinem Gedächtnis ist von der Hochzeit wenig gespeichert. Es gab Schwierigkeiten mit der Frau des Trauzeugen von Fanny. Er hieß Bernardo und war in einer schlagenden Verbindung. Außerdem hatte er eine Freundin, die Angelika hieß. Angelika wusste offensichtlich lange nicht, ob sie nun auch zur Hochzeit kommen wollte, oder nicht. Damals habe ich das auf mich und meine Familie bezogen. Ich dachte, wir wären Angelika nicht fein genug. Angelika hat Bernardo später geheiratet und drei Kinder von ihm bekommen. Dann hat sie ihn mitsamt den drei Kindern verlassen und einen seiner besten Freunde geheiratet. Wahrscheinlich hatte Angelika schon damals ihre Zweifel an Bernardo. Ich hätte sie auch gehabt. Damals war es auch noch so, dass die Brautväter die Kosten für die Hochzeit trugen. In Erinnerung habe ich auch noch, dass der Vater stets um das wenige Geld bangte, dass er damals hatte. Ich erinnere mich auch noch daran, dass ich mich damit tröstete, dass damals »Sieben-Monats-Kinder« an der Tagesordnung waren.

Erinnerungen

Ich bin 21 Jahre alt als das Unvorstellbare passiert. Ich erwarte ein Kind. Was wird der Vater sagen? Die Dreieinhalb-Zimmer-

Wohnung der Eltern, sozialer Wohnungsbau, hat 65 Quadratmeter. Ich habe erstmals ein kleines, eigenes Zimmer. Der Bruder schläft im Wohnzimmer auf einer Couch. Der Verlobte studiert weiter in Graz. Ich schaffe es, mit den Eltern zu reden. Wider Erwarten zeigen sich Eltern und Schwiegereltern verständnisvoll. Der Hochzeitstermin wird festgelegt. Hochzeit im Mai. Der Flirt mit dem Architekten endet abrupt. Später höre ich, er habe Angst vor mir gehabt. Angst? Die ersten Schwangerschaftsmonate sind begleitet von morgendlichem Erbrechen. Der Bauch rundet sich. Ich verstecke ihn, so gut ich kann. Schwanger zu sein, war in den 60ern keine Ehre. So war der Bauch eine sehr unangenehme Begleiterscheinung. Die letzten Wochen sind besonders beschwerlich. Das Kind wird 9,5 Pfund wiegen. Sechs Wochen vor dem errechneten Geburtstermin beginnt der sogenannte »Schwangerschaftsurlaub«. Ich verbringe die Zeit in meinem Zimmer bei den Eltern.

Endlich ist es soweit. 14 Tage nach dem errechneten Geburtstermin. »Oh Gott, eine Rothaarige, die machen immer so viel Zicken.« Sonst ist sie freundlich, die Hebamme. Das Kind lässt auf sich warten. Ich gehe die langen, dunklen Flure der Frauen- und Kinderklinik entlang. Bei Wehen bleibe ich stehen. Aufpassen und zählen, in welchem Abstand die Wehen kommen. Ich bin allein. Auf und ab. Die Treppen hinauf und wieder hinunter. Der Stammhalter kommt um vierundzwanzig Uhr vierzehn zur Welt. Neun Pfund und 200 Gramm. Während des Geburtsvorgangs reißt die Scheidenwand. Ich bekomme eine Spritze und erlebe die Geburt nicht mit. Ein Sonntagskind. Ich wache allein in einem Zimmer auf. Wo ist mein Kind? Was ist mit ihm? Ist es nicht gesund? Keine Schwester weit und breit, kein Ehemann in Sicht. Gegen 10.30 Uhr erscheint der frisch gebackene Vater. Er hat das Kind gesehen, versichert er. Dann endlich gegen 11 Uhr wird das Kind mir gebracht. »Es muss angelegt werden«, erklärt die Schwester. Ich halte mein Kind im Arm. Wirklich mein Kind, dieses wunderschöne glatte Baby mit großen blauen Augen? Am Arm trägt es ein Bändchen: »Nicolas A.« Viel Zeit bleibt mir nicht. Die Schwester legt das Kind an. Der kleine Mund sucht verzweifelt. »So schnell geht das nicht«, erklärt sie, nimmt das Kind und verschwindet. Später kommen die Eltern. Ich schleppe mich zum Raum, in dem die Babys in langen Reihen liegen. Ich darf das Kind nur von Ferne sehen. Die Wunde brennt und schmerzt. Ich will heraus aus diesem Krankenhaus. Es dauert acht Tage, bis ich entlassen werde. Nicolas lernt trinken. Ich wohne weiter bei den Eltern. Diese tragen alle Kosten. Die Schwiegereltern helfen bei der Babyausstattung. Der frisch gebackene Ehemann studiert weiter in Graz. Ich tippe seine Doktorarbeit. Später wird mich ein Dozent »Gustav-Adolfs-Page« nennen. Ein Telegramm teilt mit, dass er einen großen Bahnhof erwarte. Er hat das Examen geschafft. In mir macht sich Erleichterung breit.

Hat das Flüchtlingsmädchen, rothaarig und sommersprossig nun ihren Märchenprinzen bekommen? Verheiratet! »Du heiratest ja doch!«, die jahrelange Weissagung des Vaters hat sich erfüllt. 22 Jahre, verheiratet, ein Kind, mittlere Reife, keine Ausbildung, keine Wohnung. Mein Kind und ich leben im ersten und einzigen eigenen Zimmer meiner Kindheit und Jugend. Eingerichtet ganz im 50er Jahre Stil. Heute wäre das wieder modern. Eine blaue Couch, ein grüner und ein rotbrauner Sessel in genopptem Stoff. Ein kleiner Schrank, ein niedriger Tisch und das Körbchen von Nicolas füllen den kleinen Raum aus. Der Wald ist nah. Wir gehen viel an die frische Luft. Ich bin mit der Pflege des Kindes, der Wäsche und dem Schreiben der Doktorarbeit des Angetrauten ausgelastet. Über die Badewanne in einem kleinen Badezimmer ist ein Brett gelegt. So wird das Kind gewickelt. Die Windeln – Mullwindel, Dreieckstuch, Moltontuch - müssen in der Küche in einem großen Topf gekocht werden. Wie wurden die Windeln bloß trocken, vor allem im Winter? Der Speicher zum Wäschetrocknen steht nur alle vier Wochen zur Verfügung. Ich habe sechs Wochen die sogenannte »Schonzeit«. Die kleine Familie, die ich nun habe, besitzt kein eigenes Einkommen. So muss ich nach den sechs Wochen wieder arbeiten. Meine Stelle ist längst neu besetzt. Ich werde im Ausgleichsamt »gelagert«. Berge von Akten sind dort zu bewältigen. Ich bewältige sie, wenn ich mich recht erinnere, in wenigen Wochen. Der Amtsleiter ist erstaunt. Zum

Schluss hat er keine Arbeit mehr für mich. Die Mutter hütet Nicolas in dieser Zeit. Da muss ihr Mann, mein Vater, auf sie verzichten. Das fällt ihm sichtlich nicht leicht. Er will seine Frau ganz für sich. Die Eltern führen, das erkenne ich erst später, eine symbiotische Ehe. »Wo Du hingehst, da will auch ich hingehen.« 1961 gibt es die 48-Stunden-Woche, was hieß, 5,5 Tage in der Woche arbeiten. Tüchtig bin ich.

Endlich, eine eigene Wohnung. 1961 finden die Schwiegereltern eine Wohnung in der niederrheinischen Kleinstadt für das junge Paar mit Kind. Mein Angetrauter und ich richten unsere erste Wohnung ein. Drei-Zimmer-Küche-Diele-Bad. Ich übernehme weitgehend den Büromöbelstil der Eltern. Die Möbel sind fabrikpreisgünstig zu haben. Alles in Teak. Sideboard, Tisch, Stühle, Couchtisch, zwei Sessel, eine Couch. Mein Angespartes und Zuschüsse der beiden Elternpaare reichen aus. Schulden machen geht auf keinen Fall. Ich bestehe auf einem Stringregal für meine Bücher. »Muss das sein?«, fragen die Eltern. Der Ehemann schweigt. Er hat gerade eine Stelle im Internationalen Wollsekretariat in Düsseldorf angetreten. Ein wollweißer Berber und eine selbst gefertigte Lampe aus Paketschnur ergänzen das Ganze. Ich stelle nicht in Frage, dass der Ehemann ein eigenes Arbeitszimmer braucht. Kein Kinderzimmer für den Sohn. Ein Gitterbettchen im Schlafzimmer der Eltern. Das Arbeitszimmer einschließlich riesigem Schreibtisch

– fabrikpreisgünstig – steht fast immer leer. Für das Flüchtlingsmädchen ist die eigene Wohnung ein Paradies. Ich bin jetzt 22 Jahre alt. Um sechs, um zwei, um sechs, um zehn Uhr, so hat sie es in der Mütterschule des DRK gelernt, ist das Kind zu stillen. Jeden Tag zu baden. Die Windeln sind aus Hygienegründen zu bügeln. Ich stille drei Monate. Meine hellhäutige Brust entzündet sich schnell. Durchhalten, dann abstillen. Milupa und »Alete-Kost fürs Kind«. Ich bin froh, dass ich nicht mehr stillen muss, aber das Gefühl, nun keine so gute Mutter mehr zu sein, schleicht sich immer wieder ein. Eine Waschmaschine gibt es immer noch nicht. Der Sohn neigt zu wütendem Schreien bis hin zu Erstickungsanfällen. Nach dem Füttern spuckt er manchmal alles in hohem Bogen wieder aus. Das erhöht den Wäscheanfall. Anna hat große Angst, dass ihr Kind ersticken könnte. Der Kinderarzt zuckt die Achseln. Keine ruhige Minute. Als der Knabe sich am Gitterbett hochziehen kann, malt er mit seinen Fäkalien Gemälde auf die Schlafzimmertapete. Dem Kind ist langweilig. Damals behauptete die Pädagogik, dass Kleinkinder sehr viel Ruhe bräuchten. Dem Kind war sehr langweilig, denke ich heute. Damals stöhne ich über die zusätzliche Arbeit. Der Ehemann kommt selten vor 22 Uhr nach Hause. An den Wochenenden arbeitet er an seiner Karriere. Er ist schon während des Studiums in die SPD eingetreten und ist ab sofort in seiner Freizeit Jungsozialist. Bald wird er auch in den Rat der Stadt gewählt. Am neuen Wohnort kenne ich nur die Schwiegereltern. Viel später – ich leite eine Familienbildungsstätte – lerne ich »Eltern-Kind-Gruppen« kennen. Sie ermöglichen jungen Müttern vielfältige Kontakte. Was für ein Segen. Es gibt Angriffe auf den »Linken«, ihren Ehemann in der Tageszeitung. Der Ort wählt zu 70 Prozent die CDU. Ich leide unter diesen Angriffen. Ich traue mich kaum auf die Straße.

Ich bin überfordert und allein mit meinem Kind. Der Schwiegervater erkennt meine Not. Das Paradies ist schnell zum Gefängnis geworden. Die schon im Elternhaus begonnene, allmähliche Domestizierung geht weiter. Sie wird sich noch über Jahre hinziehen. Der Bäckermeister, der seinen Beruf nicht mehr ausüben kann, weil der Mehlstaub seinen Magen verkrebst hat, wird meine große Stütze in dieser Zeit. Das Geld ist knapp. Der Schwiegervater bietet an, für ein Jahr das Kind zu hüten. »Bis die junge Familie über den Berg ist.« Ich nehme eine Stelle als Sekretärin in einem Verlag in Düsseldorf an. Meine Erleichterung ist groß. Eine Atempause. Die Verlagsarbeit macht mir Spaß. Der Angetraute arbeitet gleich nebenan. Bald bleibt das Kind die Woche über bei den Schwiegereltern und kehrt nur am Wochenende zu den Eltern zurück. Im Verlag bin ich Mädchen für alles. Ich mache den Umbruch einer Zeitung, die sich an Soldaten richtet, schreibe Füllartikel für die kleine Zeitung. Ich wimmele die zahlreichen ehemaligen Liebsten des Chefs ab, tröste die Gattin, eine promovierte Germanistin. Als ich nach einem Jahr wieder gehen muss, weil der Schwiegervater ihr nur ein Jahr versprochen hat, ist das Ehepaar untröstlich. Die Frau aber gehört in die Familie. Da sind sich die Elternpaare einig. Aber ich habe mir einmal mehr bewiesen, wie tüchtig das Flüchtlingsmädchen ist.

Hausfrauenjahre

Die »Nur-Hausfrau« überträgt ihren Ehrgeiz nun auf ihr Kind. Nicolas ist inzwischen 1 ½ Jahre alt. Ich beginne, seinen Wortschatz zu zählen. Er spricht viel mehr Worte, als für dieses Alter üblich sind. Gut so. Bald brauche ich auch keine Windeln mehr. Ich setze das Kind einfach aufs Töpfchen. Auf diesem rutscht er dann durch die Wohnung, bis er sein Geschäft verrichtet hat. Er gedeiht prächtig. Das Jahr bei den Schwiegereltern hat ihm gut getan.

1961 trete ich in die SPD ein. Ich verstehe das als Geschenk für den Ehemann. Politisch bin ich eher indifferent. Im Elternhaus wurde über Politik nicht geredet. »Aber der Jude musste eins auf den Deckel bekommen«, sagt der Vater einmal. Der Schwiegersohn ist empört. Nach der Kriegsgefangenschaft wurde der Vater entnazifiziert. Darunter kann ich mir wenig vorstellen. Während des Studiums meines Freundes Fanny in Frankfurt bin ich einmal zu einem Treffen des SDS – Sozialistischer Deutscher Studentenbund - mitgegangen. Ich erinnere mich an viel Zigaretten- und Pfeifenqualm und lauter junge Männer. Frauen spielten keine Rolle. Sie wurden nicht wahrgenommen und durften den reichlich fließenden Kaffee einschenken. Eine Werbung für die SPD war das nicht. Ich jedenfalls war nun Genossin. Später in den Wahlkämpfen gewann ich mehr Sympathie für die Partei. Ich erlebe viele Jungsozialisten, da mein Mann mittlerweile Vorsitzender der Jungsozialisten Deutschlands geworden ist. Die Herren machen oft eine kurze Pause in der Wohnung des Vorsitzenden. Holger Börners Feuer entzündet auch mich. Damals allerdings war er noch rank und schlank. Eine politisch denkende und handelnde Frau werde ich erst sehr viel später.

Das Haus, in dem die junge Familie wohnt, hat einen schönen alten Garten. Im Sommer ein Paradies. Eine Sandkiste im stillgelegten Brunnen, alte Bäume, eine hohe Mauer. Die Beeren der Eibe verfüttert unser kluger Knabe an den Nachbarssohn. »Probier doch mal, die sind giftig«. Der Magen des Opfers muss im Krankenhaus ausgepumpt werden. Die Mauer, die den Garten umgibt, erklimmt Nicolas irgendwie. Er fällt herunter. Das Loch im Kopf wird im Krankenhaus versorgt. Viel später wird er Medizin studieren. Wahrscheinlich wollte er schon mit drei Jahren erste Erfahrungen sammeln. Mit drei Jahren kommt er auch in den Kindergarten. Unruhige Kinder werden dort am Stuhl festgebunden. Ich protestiere lautstark und stosse auf Unverständnis. Über diese Jahre meines Lebens hat sich viel Nebel gelegt. Ich erinnere mich an Leere und Langeweile. Ich brauchte Herausforderungen. Es gibt sie nicht. Es gibt Mutterfreuden und Muttersorgen zwischen Teakmöbeln und es gibt einen abwesenden Ehemann. Ich bin »Nur-Hausfrau«. Ein Status, der in dieser Zeit – vor allem bei den Genossen – nichts wert ist. Meine »Bändigung« wird fortgesetzt. Später werde ich mich vehement für den Begriff »Familienfrau« einsetzen, um die vielfältigen Aufgaben einer »Hausfrau« deutlich zu machen.

Mit dem Schwiegervater gehe ich jeden Mittwoch auf dem Hohen Busch spazieren. Jeden Sonnabend holt er mich zu einem gemeinsamen Marktgang ab. Nicolas ist immer dabei. Großvater schiebt den Kinderwagen oder hat Nicolas an der Hand. Freunde gibt es nicht in der fremden Kleinstadt. Das Flüchtlingsmädchen hat keine Hobbys. Schulsport wurde der Schülerin verboten. Ich hatte als Vierjährige »Nierenbluten« und habe einige Wochen im Krankenhaus verbracht. Im Urin wurde Blut gefunden. Auch heute noch findet sich bei Untersuchungen Blut im Urin. Ganz offensichtlich irgendein Defekt im Körper, der keine weiteren Auswirkungen zeigt. Anderes war aus finanziellen Gründen nicht möglich. Die umfunktionierte Linkshänderin versucht, Tennis zu lernen. Ich scheitere. Mir fehlt das nötige Durchhaltevermögen. Arbeiten ist in ihrer Familie angesagt, also suche und finde ich eine Stelle am Ort. Kaisers Kaffeegeschäft, das in Viersen seine Zentralverwaltung hat, will sie für das Sekretariat des Vorstandsvorsitzenden haben. Die Kindergartenöffnungszeiten lassen die Tätigkeit nicht zu.

Der Schwiegervater ist inzwischen sehr krank, kommt nicht mehr in Frage. Danach versuche ich Vieles. Volkshochschulkurse, Vorbereitung auf die Begabtensonderprüfung zur Hochschulreife. Die Frage bleibt: Wohin mit dem Kind? Ich bin jetzt 26 Jahre alt. Ich wünsche mir ein zweites Kind. Wie sich später herausstellt, wird auch das zweite Kind keine Lösung für meine Probleme bringen.

Unser kluger Knabe hat einen Preis erhalten. Sein Bild über Kinder im Straßenverkehr wird ausgezeichnet und ausgestellt. In einem Schaufenster des größten Textilfachgeschäftes sind die Bilder anzusehen. Stolz nehme ich den Fünfjährigen an die Hand und zeige ihm sein Bild. Der Sohn wendet sich ab und beginnt zu schreien. »Nein, nein, das ist nicht gut«. Ich bin verwirrt, sprachlos. Der Knabe weigert sich, sein Produkt auch nur noch eines Blickes zu würdigen. Das wird er behalten, der Sohn. Sehr selten ist etwas gut genug. Er stellt hohe Anforderungen an sich selbst und auch an andere.

Die kleine Familie, Vater, Mutter und Nicolas fahren in den Spessart. Vater macht Urlaub mit seiner Familie. Einige Wochen später weiß ich, dass ich ein Kind erwarte. Die Geburt soll im März sein. Ein Frühlingskind soll es werden. Ein Wunschkind. Die Schwangerschaft verläuft problemlos. Das Kind soll wieder in Duisburg zur Welt kommen. Der Knabe lässt auf sich warten. Als mehr als zwei Wochen des errechneten Geburtstermins herum sind, fährt der Ehemann mich in die

Klinik. Der Professor entschließt sich, die Geburt einzuleiten. Irgendwann setzt der Geburtsprozess aus. Gefahr ist im Verzug. Ich bemerke die Hektik, die sich um mich herum breitmacht. Ich werde in einem Dämmerschlaf versetzt. Diesmal wollte ich die Geburt unbedingt miterleben. Wie lange hat die Geburt ausgesetzt? Als ich erwache, ist das Kind geboren. Ich erfahre, dass ich wieder genäht werden musste. Der Unterleib schmerzt. Bernd wiegt fast 9 Pfund, ist 58 cm groß und hat einen großen Kopf. Ich wiege immer noch 50 kg. Später erfahre ich, dass ein Hirnschaden zu befürchten war, der durch den entstehenden Sauerstoffmangel hätte für das Kind entstehen können. Aber Bernd ist ein gesunder kleiner Bursche, der gut gedeiht. Mehrmals täglich Windeln wechseln, sorgfältig eincremen, kein wunder Po. Die Familie hat jetzt eine Waschmaschine. Das erleichtert die Arbeit. Auch Bernd muss bald abgestillt werden. Auch er zerbeißt meinen Busen. Eine schmerzhafte Entzündung entsteht. Milupa und »Alete-Kost-fürs-Kind«. Auch Bernd verbringt viel Zeit in seinem Gitterbettchen. Machten das damals nicht alle Mütter so? Später wurde dann aus dem Bettchen ein Laufstall. Wieder Spazieren fahren über den nahen Friedhof oder den Hohen Busch. Der Schwiegervater ist gestorben. Die Erinnerungen an die ersten Jahre mit Bernd sind spärlich. Über diese Zeit hat sich besonders viel Nebel gelegt. Ich würde mich so gern erinnern. Bernd wird kein glückliches Kind, kein zufriedener Mann. Sein Schicksal wird mein Alter sehr belasten.

Habe ich ihn im Arm gehalten, gestreichelt? Sicher, aber wie oft? Auch ihn habe ich nicht gleich aufgehoben, wenn er schrie. Bald schrie er nicht mehr. Ruhige Nächte für den Rest der Familie. Er war – wie sein Bruder – früh sauber. Ich bin stolz. Die Reinlichkeitserziehung hat geklappt. Es gab Lieder, Fingerspiele. Es gab den kleinen Bu, den ich erfand. Ein Spiel vor dem Einschlafen. Die Kinder wollten es immer wieder machen. Es gab Vorlesen, auf dem Schoß sitzen und getröstet werden. Es gab auch Alleine lassen, wenn die Eltern ausgingen. Den Schlüssel hatte dann die Nachbarin. Sie schaute nach den Kindern. Auch Bernd schrie manchmal, bis er blau und schlaff wurde. Wieder habe ich Todesangst, er könnte ersticken. Einige Male habe ich ihn dann unter den Wasserhahn gehalten, als er schon blau wurde vom Schreien. Heute sucht man nach Traumen. Hat das möglicherweise ein Trauma bei Bernd verursacht?

Intermezzo 3

Ich lese gerade eine Biografie über Lou Andreas Salomé. Was für eine mutige, aber auch gnadenlose Frau. Ich habe mich im Elternhaus und später in der Ehe meist gefügt, angepasst. Erst mit Ende Zwanzig habe ich begonnen, ein eigenes Leben zu suchen und aufzubauen. Ich habe das später bezahlt. War ich zu eigensüchtig?

Der Hausfrauenalltag langweilt mich. Da helfen auch die beiden Kinder nicht. »Das kann doch nicht alles gewesen sein?«, diese Frage geistert ständig durch meinen Kopf. Auch hier sind die Erinnerungen spärlich. »Ach, sie sind nur Hausfrau?« Später werde ich Kurse für Familienfrauen anbieten. Es entstehen große Plakate auf denen die vielen Berufe, die Familienfrauen ausfüllen, aufgelistet sind: Mutter, Erzieherin, Krankenschwester, Trösterin, Ehefrau, Geliebte, Köchin, Wäscherin, Begleiterin, Unterstützerin des Ehemannes in Berufsdingen, freundliches Nichts an seiner Seite und, und, und ...

Die Wunde »Nur-Hausfrau« sitzt tief.

Die Jahre vergehen. Ich fülle die oben angeführten Berufe als Familienfrau insgesamt sieben Jahre aus. Nichts Eigenes, alles für den Ehemann und die Kinder. Die Domestizierung, die in diesen Jahren stattfindet, hat Folgen. Bei Gesprächen, Einladungen mit und bei Akademikerfamilien kann ich nicht mehr mitreden. Ich bin nicht mehr in der Lage, fünf zusammenhängende Sätze laut zu sprechen. Ich sitze da und schweige. Der Kommentar des Verflossenen: »Am meisten an dir gefällt mir deine vornehme Zurückhaltung.« War ich in diesen Jahren eine gute Mutter? Eine zufriedene Mutter war ich nicht. Ich erinnere mich, dass ich viel geschlafen habe. Was haben die Kinder in dieser Zeit gemacht? Nach des Tages langen Stunden stehe ich nächtelang vor dem Fenster und warte auf den Ehemann. Ich bin unglücklich. »Das kann doch nicht alles gewesen sein?« Der Ehemann genießt offensichtlich sein Leben. Beim Frühstück sagt er manchmal. »Was bist Du schon wert?« Heute kann ich kaum glauben, dass er diese und andere Äußerungen getan hat. Ich frage mich, wie und warum ich das so lange ausgehalten habe. Auch über dieser Zeit liegt Nebel.

Wie habe ich das so lange ausgehalten? In der Literatur wird beschrieben, dass sich bei Domestizierung die Gehirnmasse um bis zu 34 Prozent zurückentwickelt, die Aggression sich reduziert und das Flucht- und Verteidigungsverhalten abnimmt. Die Ergebnisse kommen aus der Tierforschung. Für mich ist das übertragbar. Nur die in der Literatur beschriebenen Hängeohren haben sich nicht außen, sondern im Kopf breitgemacht. Ich ernte bei vielen Frauen, die lange Hausfrau waren, Lachen und viel Zustimmung. »Ja, so ist es mir auch gegangen«. Innere Hängeohren also.

Nicolas und Bernd gedeihen gut. Aber es gibt Szenen, für die ich mich noch heute schäme. Nicolas hat von seinem Vater Briefmarken geschenkt bekommen. Schöne Briefmarkensätze aus Österreich. Irgendwann tauscht er diese gegen ein Matchbox-Auto ein. Vater und Mutter sind empört und schimpfen auf das ratlose Kind ein. Ich vermisse 50 Mark. Ich beschuldige Nicolas. Ich bin ganz sicher, dass er sie genommen hat. Das geht tagelang so. Als Nicolas erwachsen ist, sprechen wir über diese Situation. »Ich war es nicht«, sagt er. Jetzt glaube ich ihm. Manchmal demonstriere ich ihm, dass ich stärker bin. Ich halte ihn am Boden fest, dass er nicht entkommen kann. Er wehrt sich verzweifelt. Irgendwann merke ich endlich, dass er wirklich Angst hat. Danach lasse ich das »Spiel«. Dumme, unreife Mutter, denke ich heute.

Intermezzo 4

In den Jahren 1964/1965 habe ich den Führerschein gemacht. Das Geld bekam ich von Schwiegermutter. Sie begleitete das Geschenk mit den Worten: »Kind, mach´ dich von den Männern unabhängig.« »Den Führerschein schaffst du doch nicht, du schaffst sowieso nichts«, sagte der Ehemann. Ich habe ihn geschafft trotz der Weissagung. Ich war im achten Monat schwanger, als ich das Papier bekam. Rückwärts einzuparken gelang mir nicht. Der Prüfer nahm mir das nicht übel. Der Ehemann hatte einen neuen BMW gekauft. Ich durfte ihn fahren. Kurze Zeit später setzte ich den Wagen an die Garagenwand. »Das schöne neue Auto«, klagt der Ehemann im Endlosgesang. Ich gebe das Autofahren erst einmal auf.

Ich übertrage meinen Ehrgeiz auf die Kinder. Nicolas ist fünf Jahre alt, als ich ihn zum Schulreifetest schicke. Wieder zu Hause schaut der Knabe ganz unglücklich. »Wie ist es denn gelaufen«, fragt ich. »Schlecht«, nuschelt er. Von der Lehrerin erfahre ich dann, dass er mit Abstand den besten Test abgeliefert hat. Trotzdem warnt die Schule vor der frühen Einschulung. Ich bestehe darauf. Nicolas wird in seiner gesamten Schullaufbahn immer der Beste, aber auch der Kleinste sein. Er weigert sich offensichtlich, zu wachsen. Seine Klassenkameraden überragen ihn um Haupteslänge.

1965 Landtagswahlkampf. Viele kämpfen für Willi Brand. So auch der Gatte. Ich habe immer noch Illusionen über Männer. Zu Autoritäten blicke ich auf. Ich treffe wieder auf Holger Börner. Schon nicht mehr Jungsozialist, aber noch schlank. Das Feuer, das ich in ihm zu spüren glaube, entzündet auch mich. Ich bekomme ein Gefühl für den sozialdemokratischen Ruf nach Chancengleichheit. Die Welt verändern zum Guten! Günther Grass macht Rast bei mir und den Kindern. Sein Interesse an mir und Kindern verblüfft mich. Einer, der zuhören kann. Wir reden fast zwei Stunden miteinander. Ich gestehe ihm, dass ich sein neues Buch »Hundejahre« noch nicht gelesen habe. Er signiert es mir mit einer Ermutigung. In dieser Zeit lerne ich viele SPD-Politiker kennen, die später Karriere machen. Mit Interesse beobachte ich ihren Werdegang. Keiner wird sich je an mich erinnern. Günther Grass werde ich viel später einmal für eine Dichterlesung anfragen. Er sagt ab und schreibt, er erinnere sich dunkel an die Begegnung. Auch ich habe Mühe in den Herren die engagierten, kämpferischen, idealistischen Männer wieder zu erkennen.

Bis 1967 besucht Nicolas eine katholische Grundschule ganz in der Nähe der Wohnung. Er mag die Lehrerin, die Lehrerin mag ihn. Er ist ein guter Schüler. Die erste Gemeinschaftsschule wird eingerichtet. Weit entfernt. Eine halbe Stunde Fußmarsch. Der Ehemann braucht sein Auto täglich, außerdem habe ich ja das Fahren aufgegeben. Der Vater macht sich mit Ideologie breit. Er lässt die Einwände von Mutter und Kind nicht gelten. Schließlich habe er für die Gemeinschaftsschule gekämpft. Ich gebe zu bedenken, dass ich, die Evangelische auf seinen Wunsch katholisch geheiratet und damit versprochen hätte, die Kinder im katholischen Glauben zu erziehen. Das Kind muss die Schule wechseln. Ich bereite den sieben Jahre alten Sohn einige Tage auf den Schulweg vor. Dann geht der Knabe allein. Voll Sorge erwarte ich täglich seine Heimkehr. Als die Polizei einige Tage später das Kind nach Hause bringt und mahnende Worte spricht, gebe ich diese an den Gatten weiter. Der Vater wird laut. Mutter und Kind gewöhnen sich an den Zustand.

Ich bin nun 30 Jahre alt. Die Kinder sind acht und drei Jahre alt. Für die Nur-Hausfrau ist seine Karriere auch meine Karriere. Sein Ehrgeiz ist mein Ehrgeiz. Als er sich um die Stelle eines Oberstadtdirektors bewirbt und die Stelle nicht bekommt, bin ich untröstlich. Ich feiere meinen 30. Geburtstag. Die Mutter ist da, ein paar Bekannte. Streuselkuchen, von der Mutter gebacken. Das Telefon klingelt. Eine weibliche Stimme. »NawiefühltmansichdennmitdreißigsiealteKuh?« Ich, ohnehin blass, werde kreidebleich und lege auf. „Was ist los?" fragt die Mutter. Nichts, sage ich. Ein paar Tage später steht die Stimme vor der Tür. Großbusig, sehr jung. »Lassen sie ihren Mann endlich los. Er liebt nur mich«, befiehlt sie mir barsch. Ich schließe die Tür. »Wer war das?«, fragen die Kinder. Der Ehemann streitet alles ab. Eine Verrückte. Es war der große Busen, der ihn so gereizt hat, höre ich später. Mein Busen ist klein. Ich wiege immer noch 55 kg. Das mit dem Zunehmen, dass der Gatte in seinen Briefen aus Graz so oft fordert, hat offensichtlich nicht geklappt. Nun hat er sich den großen Busen gesucht und wohl gefunden.

Es folgt eine Versöhnungstour. Der Gatte fährt mit mir für eine Woche in die Niederlande. Auf den Spuren der großen Wasserbauer. Standhalten oder flüchten? Ich bleibe. Die Stimme mit der Frage: »Ist das alles gewesen?« meldet sich nun laut und beharrlich. Zudem verändern sich die politischen, gesellschaftlichen und persönlichen Bedingungen Mitte der 60er Jahre langsam, aber spürbar. Ich bin nun entschlossen, wieder zu arbeiten. Ich mache eine Ausbildung bei der Gewerkschaft, die sich »Der gute Weg zur Sekretärin« nennt. Am Vormittag geht Nicolas in die Schule und Bernd in den Kindergarten. Ich engagiere eine »Tagesmutter«. In dieser Zeit gab es so etwas nicht einmal in den Köpfen der Politiker. Die Nachbarin wird die Kinder für den Rest der Arbeitszeit übernehmen. Danach bewerbe ich mich und finde sehr schnell eine Stelle im Nachbarort. Eine Maschinenfabrik. Sekretärin des Verkaufsleiters. Eine gut bezahlte Ganztagsstelle. Überstunden sind inbegriffen. Ich arbeite von Montag bis Freitag. Ein angenehmer Chef. Einer der Frauen mag. Ich lebe auf. Ich muss bei Verkaufsgesprächen die Protokolle aufnehmen, sie danach mit fünf (!) Durchschlägen fehlerfrei schreiben. Erst einmal ein Alptraum. Eine anspruchsvolle Aufgabe für eine, die sieben Jahre ausgesetzt hat. Aber die Herren sind gutwillig und ich arbeite mich ein. Der junge Kollege, Assistent des Verkaufsleiters, ist erstaunt. »Sie haben zwei Kinder. Ihr Mann verdient doch sicher gut. Warum arbeiten sie, ist das nicht verantwortungslos?«

Das verstärkt mein schlechtes Gewissen. Ich reagiere ärgerlich.

Am Abend erzählen die Kinder abenteuerliche Geschichten über die Tagesereignisse.

Der Vater ist abwesend.

1970 kaufen mein Angeheirateter und ich ein Einfamilienhaus in Duisburg. Der Ehemann ist Landtagsabgeordneter mit Diäten und gut dotierter Angestellter. Noch keine Inkompatibilität, d. h. Unvereinbarkeit von Mandat und Anstellung im öffentlichen Dienst. Die Familie hat nun mehr Geld zur Verfügung, als die meisten anderen Menschen ihres Alters. Der weiße Hakenbungalow am Stadtrand wird von einer Innenarchitektin eingerichtet. Weiß-Hellgrün, Panton-Chairs, Miller-Tisch, Vitsoe-Regal, Stuttgarter Gardinen, italienische Polstermöbel, grüner Cord in weißen Schalen. Eine Spülmaschine für die Einbauküche. Ein Zimmer für den Vater, ein Zimmer für die Mutter, ein Zimmer für Nicolas, ein Zimmer für Bernd. Interlübke, natürlich, zwei Bäder, Braun-Radio mit Plattenspieler und Uher-Tonbandgerät sind selbstverständlich. Die 70er sind angebrochen. Im grün-weißen Esszimmer denke ich häufig an eine Schwimmhalle. Die Polstermöbel fressen die Hamster der Kinder in einer Nacht. Der Adventskranz zündelt den Miller-Tisch. Im Flur hängen zwei Gemälde eines Ruhrgebiet-Künstlers, schwarz-weiß mit Knöpfen. Dem Künstler wird nachgesagt, er habe ein Busensyndrom. Mir gefallen sie trotzdem. Ich habe sie ausgesucht. Weiße Knöpfe wiederholen sich in der schwarzen Kleiderablage, die sich an den Flur anschließt. Die Raumpflegerin wäscht die Bilder mit Seifenlauge. Annas Vater übermalt die beschädigten Stellen mit Plaka-Farbe. Er will die schon ältere Frau schützen. Die Miller-Liegen im Innenhof werden von Raudis zerschnitten. Die Nachbarin, Gelsenkirchenerbarock-eingerichtet, betrachtet das Spektakel mit Nachsicht und guter Laune. Ein Keller, ein Party-Keller muss sein. Eine knallrote Theke, weiße Barhocker mit roten Polstern von Knoll-International. Die Wände mit Alufolie verkleidet. Kellerpartys. Gefüllte Eier, Tomaten mit Fleischsalat, Kartoffelsalat, Schweinefilet. Ich arbeite den ganzen Tag. Am Abend Gäste. Dreißig Männer und Frauen. Die Söhne sagen in Schlafanzügen gute Nacht. Eines morgens überraschen die Eltern sie, wie die die Reste aus den Gläsern leeren.

Der Ehemann hat mit dem Uher-Tonband-Gerät ein Band-Band, will heißen das Band der Bänder aufgenommen. »This is the way to Amarillo …« Tanzen und Trinken, Trinken und Tanzen, Trinken und Anfassen. Ich trinke nicht. Ich vertrage keinen Alkohol und bekomme schon nach einem Glas einen roten Kopf. Ich bin müde von des Tages Last. Ich bin steif. Zuschauerin. Der Ehemann nennt das vornehme Zurückhaltung. In mir beginnt ein Vulkan zu brodeln. Die ihr, vom Studenten Fanny zugedachte Rolle »Dame – Gattin« passt nicht zu ihr.

Hin und wieder gibt es Einladungen und Bälle. Nachtblaue Spitze, schulterfrei, weiße Seide mit Gold bestickt, eine durchsichtige Bluse. Statt Schmuck Sommersprossen, schwanenweiß gebleicht. Selten ist ein Mann dabei, der das zu schätzen weiß. Wenn es passiert, wird er schnell von der Gattin »zurückgepfiffen«. Das Ehepaar verlässt dann früh den Ball.

Ich bin meist die Jüngste. An den Mienen der Frauen glaube ich zu erkennen, dass sie sich die Mäuler zerreißen. Die einzige Frau in meinem Alter bietet mir Tabletten an. »Danach wirst du ganz entspannt.« Ich lehne ab. Die Männer an der Theke: Wer-wird-wann-wo-was? Alkohol fließt reichlich. Die Luft ist nikotinschwanger. Ich trinke nicht, ich rauche nicht. Qualvoll, das durchzustehen. Ein privates Fest bei Freunden. Ein kommender Bundespräsident ist da, hält Hof. Einige Minister. Der Abend ist fortgeschritten. Ach-fass-mich-doch-mal-unten-an, bittet einer der Minister mich beim Tanz. Ich beklage mich beim Ehemann. Prüde. Bald werde ich den Gatten nur noch selten begleiten. Mein Selbstbewusstsein gleicht nun mehr denn je dem eines Mäuschens. Ich bin endgültig zum Anhängsel geworden. Ich bin jung, auf meine Weise attraktiv, ich verstehe, mich zu kleiden, aber ich bin schwer, gehemmt, ernst. Der soziale Status, in dem die Familie lebt, gehört ihm, er verdient das Geld. Seine Freunde, seine Kinder, wenn es etwas zu glänzen gibt. Die Nur-Hausfrau wird zunehmend lustlos. Fischstäbchen und Pfanni-Püree für die Kinder. Ein abwesender oder nörgelnder Ehemann. Lesen, Zu viel Schlaf. Ist das mein Leben? Das Flüchtlingskind war Anführerin, Beste, geliebtes Enkelkind, hatte viel aggressives Potential. Was ist aus mir geworden? Die Wut im Bauch erzeugt Energie. Ich melde mich bei der Direktorin einer Fachschule für Erzieher an. Ich bitte um eine Beratung. Ich bekomme einen Termin. Was möchten Sie denn, fragt die Frau, eine leitende Stelle oder möchten sie lieber in einer Gruppe arbeiten. Eine leitende Stelle, antworte ich spontan. Dann müssen sie eine der gerade gebildeten Fachhochschulen besuchen! Ich habe die sogenannte Mittlere Reife. Um eine Fachhochschule zu besuchen, brauche ich die Fachhochschulreife, das bedeutet ein Jahr Schule. Ich schreibe einen Brief an das Bildungsministerium. Ich beantrage die Zulassung zur Fachhochschule mit der Begründung, dass ich sieben Jahre Hausfrau und Mutter gewesen sei. Dazu habe ich die Doppelbelastung als Hausfrau mit zwei Kindern und Beruf die letzten

beiden Jahre gemeistert. Dies sei doch mehr wert, als das eine Jahr Schule. Ich bekommt die Zulassung. Das erscheint wie ein Wunder. Es ist aber nur erklärbar mit der Tatsache, dass die 68er Revolution viele Dinge verrückt hatte. Die Emanzipation der Frau ist zum wichtigen Thema geworden. Der Antrag war wohl einmalig. Die Fachhochschulen wurden gerade gegründet. Ich passte irgendwie in die Landschaft. So beginne ich 1971 mit dem Studium der Sozialpädagogik an der Evangelischen Fachhochschule in Düsseldorf-Kaiserswerth. Meine Eltern, die auch mitbekommen haben, dass auch Frauen eine Ausbildung brauchen, geben ihre Buchhandlung zwei Jahre früher auf. Sie übernehmen dreimal in der Woche im Haus der Tochter die Kinder. Den Ehemann kümmert das alles wenig. Er scheint ausschließlich mit seiner Karriere beschäftigt.
Ich breche auf!

Die letzten Ehejahre

Irgendwann erscheint sie in der Familie. Die Kollegin, die Mitarbeiterin des Ehemannes. Bald kommt sie öfter. Sie bringt immer etwas mit. Ein Bäumchen für den Garten, ein Sträußchen passend zum Lebensstil. An Annas 34. Geburtstag steht sie vor der Tür mit einer brennenden Kerze, auf der ein Ring steckt, passend zum Halsschmuck-Geschenk des Ehemannes. Wie wunderbar, denke ich. Eine Freundin.

Die Freundin wird am Heiligabend eingeladen. Meine Eltern sind auch da. Ein Geschenk für jedes Kind, ein Geschenk für den Ehemann, ein Geschenk für mich. Einen geräucherten Lachs mit Brett, Messer, Meerrettich, Sahne, Zitrone für alle. Eine wunderbare, angenehme, einfallsreiche Freundin. Sozialwissenschaftlerin. »Emanzipation der Frau«, das Thema ihrer Diplomarbeit. Sie schenkt sie mir. Der Ehemann fährt für eine Woche auf Dienstreise. Er kommt zwei Tage früher als geplant nach Hause. Die Reise nach Südfrankreich mit der Kollegin war wohl eine Enttäuschung. Als Freundin erweist sie sich nach der Scheidung nicht. Sie ignoriert Anna einfach. Sie macht Karriere. Erst Regierungspräsidentin, dann Frauenministerin. Meine Ehe geht ihrem Ende entgegen. Der Ehemann fährt in einen exklusiven Club nach Agadir, Ich wegen meiner Bronchien nach Sylt. Den Sportwagen, einen Lancia-Fulvia, habe ich von meinem Ehemann geerbt, der seine jugendbewegten Jahre mit Bürstenhaarschnitt und Sportwagen und einer 18-Jährigen aufgegeben zu haben scheint. Die Wildlederhosen habe ich selbst gekauft. Mein Selbstbewusstsein hinkt hinterher. Rote Haare Sommersprossen sind des Teufels Volksgenossen …

Ich fahre mit Sportwagen und Lederhosen durch Schleswig-Holstein. Es ist diesig, feucht und kalt. Heimat. Ich träume von einem Menschen, mit dem ich Landschaft und Gefühl teilen könnte. Sylt. Mein Erfolg bei Männern überrascht mich.

Ein Ingenieur, ein Starfigther-Pilot, fast am Ende der Kur ein Major. »Hallo, Schwestern, wohin des Wegs?« ruft er von einer Düne aus. Meine Begleiterin und ich gehen weiter zum Strand. Im nassen Sand bricht der Begleiterin ein Absatz ab. Die beiden müssen umkehren. Der Mann in der Düne erhebt sich und gesellt sich zu den beiden. »Und wir beide treffen uns heute Abend!«, sagt er, als ihre Wege sich trennen. Es klingt wie ein Befehl. »19.30 Uhr«, fügt er hinzu. Ich murmele etwas von Frechheit. Am Abend schaue ich aus meinem Zimmerfenster. Tatsächlich, da geht er auf und ab, der freche Mensch. Ich entschließe mich, herunterzugehen. Ein folgenschwerer Entschluss, er wird mein Leben grundlegend verändern.

Intermezzo 6

Manfred sitzt immer noch im Wohnzimmer und sortiert Briefe. Viele hundert Liebesbriefe, die wir beide uns von 1971-1979 geschrieben haben. Hin und wieder liest er einen vor. Erinnerungen werden wach. Erstaunen, »Das habe ich geschrieben?« Es werden zwei dicke Ordner. »Die kann ich gut gebrauchen für mein Buch«, sage ich.

Manfred

Er ist schwarzhaarig und braungebrannt. Er hat braune Augen, die sich eindringlich in mich versenken. Er erzählt, er sei Sportlehrer und verheiratet. Von Kindern sagt er nichts. In sei-

ner Nähe wird mir heiß: »Achfassmichdochan«. Nach zwei Tagen muss ich abreisen. Abschied um Mitternacht. Er enthüllt meinen Busen, der klein und weiß im Mondlicht leuchtet. Begehrt werden. Ich schenke ihm Love-Story. »Dem-rechtesten-Vogel, den-ich-je-traf, und-dem-ich-besser-Nathan-der-Weise-geschenkt-hätte«, schreibe ich hinein. Am nächsten Morgen steht er überraschend am Autoreisezug, er schenkt mir eine rote Rose und winkt, winkt, winkt. Was für ein Mann!!
Ich fahre über Kiel nach Hause, wo ich den Starfighter-Piloten treffe. Im Hafen von Kiel steht gerade das Segelschulschiff GORCH FOCK. Er lädt mich zum Essen ins Kasino ein. Auch schön, denke ich.

April 1979

Nach den Sommerferien werde ich mit dem Studium der Sozialpädagogik beginnen. Ich trainiere mein Gedächtnis. Zuckmayer: Ich bin im braunen Cocnac-See ertrunken und andere deutsche Gedichte. Ich bin verliebt bis über beide Ohren, ich bin dreiunddreißig Jahre alt, bald Studentin der Sozialpädagogik, Mutter von zwei Söhnen, Ehefrau, Tochter, Liebende, Gattin mit Verpflichtungen. Es beginnt eine Zeit, in der ich auf dem Seil tanze. Irgendwann werde ich abstürzen. Briefe gehen hin und her. Gelegentliche Treffen in Hamburg, Bremen, Bielefeld auf der halben Strecke. Engel begleiten mich. Auf der Autobahn nachts um 2 Uhr. Nach einem Sekundenschlaf wache ich auf. Ein LKW direkt vor meinem Gesicht. Eine Vollbremsung rettet mich. Hinter mir kein Auto. Danke Engel.

Die Briefe zwischen Manfred und Anna 1971 - 1979

Anna am 24.4.1971, der erste Brief:

Lieber Mann mit den beiden rechten Flügeln,

da sitze ich nun in Duisburg, den Flügel rechts ganz gebrochen, den links angebrochen und frage mich, warum ich nicht in Westerland bin. Ich denke an den zauberhaften Abschied und fühle mich wohl. Doch plötzlich stürzt alles auf mich ein, Kinder, Mann, Haushalt, Anrufe, Pflichten, Pflichten.

Lieber möchte ich bei Dir sein.

Alles Liebe von Deinem „linken" Vogel.

PS.: Dies ist mein erster Liebesbrief nach sicher 12 Jahren. Ich hoffe, er ist einigermaßen ...

Manfred am 25.4.1971:

Hallo Schwester,

ja, so fing es an, und nahm dann seinen Fortgang mit: ... dem ich besser Nathan der Weise geschenkt hätte. Wahrlich ein kräftiger Seitenhieb. Und auf diesem Wege bist Du möglicherweise zu blauen Flecken gekommen. Sicherlich, der Zufall führte uns zusammen. Dann jedoch zog mich Deine charmante Art, verbunden mit Liebreiz an. Bis zum gegenseitigen Ver-

knallen waren dann nur ein paar kleine Schritte. Uns beiden war eine schöne Zeit beschert. Ich umarme Dich zärtlich, küsse Deine Augen, Deinen Mund und drücke Dich ganz fest an mich.

Dein Manfred – Hoffentlich kreuzen sich unsere Briefe.

Anna am 27.4.1971:

Hallo Bruder,

Du hast recht, blaue Flecken habe ich bekommen. Ich hoffe nur, Du auch. Dein Brief war leicht unterkühlt. Aber Du hast ja recht. Vorsichtiges Abwarten, was von 33 Stunden beim Anderen wohl übrig geblieben ist.

Es folgt ein Brief vom 29.4. , Antwort von mir am 5. 5. ,1971

... Zu den Funken anderer Art: Wenn Du alle Sozialdemokraten kurz und bündig als »Ballonmützenträger« abtust, machst Du es Dir sehr einfach. Zu einfach für meinen Geschmack. Ein bißchen differenzieren solltest Du schon. Übrigens bin ich auch Sozialdemokratin, und ich habe sogar eine Ballonmütze. Verwirrt bin ich, dass Du »Love Story« als pornografisch und vulgär bezeichnest. Das Buch ist alles, was Du willst, melancholisch, rührselig, kitschig, antiliterarisch, aber doch nicht vulgär.

Stichwort. Wiedersehen Am 16. dürfte es bei mir schwierig, wenn auch nicht unmöglich sein.

Anna am 21. 5. nach einem 1. Wiedersehen:

... ich will Dich unbedingt Wiedersehen und mit Dir schlafen. Hört sich schrecklich an, aber es trifft genau den Kern. Ich hätte bleiben sollen, aber es ist sehr mühsam, seine Erziehung abzubauen. Jetzt bin ich fast wild entschlossen. Ich möchte so gerne auch mit Dir tanzen gehen.

Manfred am 7. Juni 1971*:*

Dich Wiedersehen? Auf jeden Fall und so oft es geht. Ist es nicht herrlich, dass man sich so verlieben kann. Wann kann ich Dich wiedersehen? Rufe mich an oder besser, schreibe mir ganz lieb.

Anna am 10. Juni:

Ich bin in einer schrecklichen Zwickmühle. Einerseits möchte ich Dich ganz schnell wiedersehen, andererseits sind die Möglichkeiten für mich gering. Das macht mich fast krank. Natürlich kann ich an fast jedem Wochentag. Aber Du bist ein berufstätiger Mann. Am 17. Juni hat mein Ehemann ab 10 Uhr eine Tagung in Düsseldorf. Nur, wie lange? Trotzdem, eine Möglichkeit ist das. Eine Nacht für uns beide sehe ich leider im Juni nicht mehr.

Manfred am 18. Juni:

Liebes Weib,

ich kann nicht anders, ich muss gleich zu Anfang ein wenig politischen Druck ablassen. Die Handhabung des 17. Juni vonseiten unserer Regierung – ich finde keine Worte - Mir fällt nur ein Bibelwort dazu ein: »Wehe dem Land, das von Menschen kindlichen Gemüts regiert wird.« Offenbar habe ich nach meiner Beförderung einen weiteren Teil meines Rückgrates noch nicht verloren. Aber über den Weg der sicherlich notwendigen Loyalität werde auch ich »zu schaffen« sein.

Anna am 23. 6. 1971:

... Du, ich mag Dich wirklich sehr. Dabei sind wir, was den 17. Juni angeht, wieder mal ganz unterschiedlicher Meinung.

Manfred am 25. 6. 1971:

... Nun zu unserem Wiedersehen. Am Mittwoch 30. Juni habe ich Urlaub. Wir könnten uns für einige Stunden auch schon am Dienstagabend treffen. Ich übernachte dann bei meiner Schwester in Düsseldorf, oder ...

Ich schreibe am 27. 6. 1971:

Das Schicksal meint es nicht gut mit mir. Ausgerechnet am Mittwoch gibt es die Schulbuch-Gutscheine. Da meine Altvorderen die nächsten vier Jahre mein Haus hüten wollen und sol-

len, kann ich sie natürlich nicht im Stich lassen. Ich habe schreckliche Sehnsucht nach Dir und bin ziemlich deprimiert.

Anna und Manfred treffen sich dann für ein paar Stunden in einem Restaurant in der Nähe unseres Wohnhauses. Ich lade ihn zum Essen ein. Irgendwann wird es dem Ober wohl zuviel mit dem Austausch von Küssen. Er neigt sich zu mir und flüstert mir zu: »Gnädige Frau, ihre Begleitung küsst sehr stürmisch. Da können sie aber glücklich sein.« Bei dieser Begegnung trägt sie »Holzlatschen«. Manfred hänselt sie deswegen. Sie trägt die damals modischen Sandalen mit Keilabsatz aus Kork und Wildlederriemchen.

Anna am 2. August:

... Begegnungen zwischen uns beiden werden wohl immer einen »bittersüßen« Geschmack haben. Übrigens, wenn Dich meine Holzlatschen so stören, werde ich das nächste Mal Schuhe anziehen. Ich bin ja ein ziemlich anpassungsfähiges Wesen.

Manfred am 15. August:

... Sicherlich, da gibt es noch einen kleinen Schönheitsfehler: »Dein Gleichberechtigungsfimmel«, aber ich habe gelernt, mit solch kleinen und zeitweilig amüsanten Fehlern zu leben. Für unser nächstes Treffen habe ich mir schon einen Monteuran-

zug und Gummistiefel bereitgelegt. Ich bitte dich, dann in Holzlatschen zu erscheinen. Wir könnten dann gemeinsam durch einen Tag massiven Landarbeitereinsatz den Bauern zu einem kleinen Gewinn verhelfen. Gerade denke ich daran, dass Du besonders lieb küssen kannst. Wieso ich das beurteilen kann? Nun einmal, weil ich es gespürt habe und darüber hinaus kann ich es eben beurteilen. Ganz einfach!

Damals weiß ich es noch nicht. Er ist ein notorischer Fremdgänger.

Am 1. März 2015

Manfred und ich sitzen beim Frühstück. Ich lese den Brief vor. »Eine Frechheit nach der anderen«, kommentiere ich. »Warum wollte ich Dich nur so unbedingt haben?« Manfred lächelt etwas gemein. »Du wirst schon selbst wissen, warum!«, antwortet er. »So nahm meine Erziehung (Bändigung) weiter ihren Lauf«, denke ich heute. Beide lachen. Die Scharmützel gehen weiter.

Manfred am 10. September:

O'Gott, ein herrlicher Tag. Ich komme ins Schwärmen. Als Mann sollte ich meine Gefühle besser verbergen. Oder? Im Briefpapier hast Du Dich auch schon auf mich eingestellt, in der Kleidung ebenfalls. Nun muss ich wohl etwas tun? Soll ich jetzt in »Klotschen« kommen. Niemals! Mein Beitrag? Ich werde mal ein hellblaues Strickhemd anziehen. Genügt es?

Ich am 15. September:

Wer hätte das gedacht. Nun fahre ich in diesem Monat tatsächlich Richtung Ostsee. Ich zähle die Tage. Noch neun. Keine Zweifel mehr?

Manfred am 20. September:

Wenn Du diese Zeilen erhältst, sind es nur noch vier Tage. ... Ich wünsche Dir eine gute Fahrt.

Anna am 28. September:

Das Wochenende mit Dir, von dem ich so viel geträumt und auf das ich so lange gewartet habe, ist vorbei. Es war nicht so, wie ich es erträumt habe, und es hat eine physische und psychische Wirkung auf mich, die ich nie für möglich gehalten hätte. Mehr darüber kann ich nicht schreiben, das verstehst Du, nicht war? Ich hoffe, ich sehe Dich bald wieder und wir ziehen ein gemeinsames Fazit. Wenn ich nie etwas von Wiedersehen sage, dann hat dies nur einen Grund: Schon Ehe bedeutet ständiges Fordern, Bitten, Drängen und Zwang. Eine Bindung wie die unsere sollte man von all dem freihalten. Sie ist eben kein Alltag. Dass ich, wann immer es geht, Zeit für Dich habe, weißt Du. Ich habe Sehnsucht nach Dir.

Die in der folgenden Zeit hin- und her gehenden Briefe sind geprägt von dem Wunsch nach Distanz einerseits, andererseits von Gefühlen, die sagen: Ich will so eng und so oft wie möglich mit Dir zusammen sein. Er spricht von einem »wilden Pferd«, das gemeinsam gezügelt wurde, sie hüllt sich eher in Schweigen. Sie steht in Flammen. Aber das Wunder Orgasmus - beim Schlafen mit einem Mann - ist mir bis auf Selbstbefriedigung unbekannt. Es passiert auch an diesem Wochenende nicht. Darüber spreche ich nicht. Ich habe auch mit meinem Mann nicht darüber geredet. Ich habe immer getan, als ob … So flüchtet Manfred sich in einen schriftlichen Orden, den er mir verleiht. Wofür nur? Ich schreibe Briefe, die mit »Lieber Herr Major« beginnen und den Orden ins Lächerliche ziehen.

Er drückt das in einem Brief vom 9. Oktober 1971 so aus:

... Du bist eine fast unglaubliche »Tiefstaplerin«. In Wirklichkeit neigst Du mehr zur »Katze«. Sie ist lieb, man kann mit ihr schmusen, sie knurrt, man kann sich in sie verlieben. Alles kann man bei ihr tun, nur nicht ihre »geistig-psychischen Krallen« aus dem Auge lassen. Dann wird man aktionsunfähig. So werden wir auf der Verbindung von einer gewissen Distanz und dem unbedingten Willen, so eng wie möglich zusammen zu sein hin und her gezogen. Darin liegt natürlich der Reiz und das eine Verbindung lähmende »Besitzdenken«. Ist das auch der besondere Wert?

Anna und Manfred treffen sich in den nächsten Wochen immer für ein paar Stunden irgendwo. Beide müssen dabei längere

Fahrten in Kauf nehmen. Ich habe angefangen, zu studieren. Viele junge Männer und Frauen. Die meisten sind um die 20 Jahre alt. Aber es sind auch einige wenige Ältere dabei. Die Studenten sind geprägt durch die 68er Revolution. Sie sind durchweg sehr links. Der ASTA wird dominiert durch männliche Wesen, die der Jugendorganisation der SED angehören. Ich bin geprägt durch meinen Ehemann, einem mittlerweile eher gemäßigten Jungsozialisten und mittlerweile Landtagsabgeordneten. Ich wundere mich. Wie kann man das System DDR gut finden? Ich sage das auch. Hören will das im Grunde niemand. Ich lebe nun in drei Welten. Ehemann und Kinder mit Haus und Garten, Fachhochschulstudium und rechtem Geliebten. Der Geliebte macht neben ähnlichen Belastungen die Begabtensonderprüfung.

Ich am 20. November:

Lieber, besonders netter Mann,

zwischen »Dramatischen Aktionen«, Pädagogik, Betriebsverfassung und Medienkunde, Haushalt, Kindern, Mann und Freunden, bleibt mir noch Zeit, an Dich zu denken und Dir zu schreiben. Da ich jetzt Soziologie höre, muss ich zu meinen ersten Zeilen sagen: Ich darf und kann jetzt die Rolle spielen, die ich schon immer spielen wollte. Aber, obgleich es großen Spaß macht, zu lernen, muss ich folgendes zugeben. Ein bisschen fremd fühle ich mich immer noch. Angst und Sorge um meinen Jüngsten, der noch sehr an mich gebunden ist, kommen dazu. Trotzdem. Die Hochstimmungen überwiegen. Eines ist mir klar: Ich brauchte dringend etwas, in dem ich mich Wiederfinden konnte. Im letzten halben Jahr habe ich – unbewusst oder nicht – Dich zum Wiederaufbau von Selbstwert gebraucht. Gut, dass Du es nicht gewusst hast, wie sehr ich mich zeitweise auf Dich konzentriert habe. Du hättest es bestimmt mit der Angst zu tun bekommen. Jetzt hilft das Studium mir sehr. Den Ehemann interessiert es nicht. Er ist mit sich und seiner Karriere beschäftigt.

In der Zwischenzeit haben Anna und Manfred ein Seminar der Landwirtschaftskammer besucht: »Der Bauer als Landschaftsgärtner«. Das Thema ist für beide nicht sehr passend und interessant, aber es bietet sich an, weil die Zeit stimmt. Hasselmann, Minister in Niedersachsen, ist da. Die beiden schwänzen einige Stunden. Manfred erscheint das mutig. Ich bin da anderer Meinung. Weihnachten naht mit großen Schritten. Briefe gehen hin und her. Manfred liegt einige Zeit krank im Bett. Sie vereinbaren ein Treffen am 30. Dezember. Sie wollen an diesem Tag miteinander Sylvester feiern. Ich empfehle Manfred, eine Kanone mitzubringen. Er will lieber mit der Faust auf den Tisch hauen. Am 3. Januar kommt der erste Brief im Jahr 1972 von Manfred. Er schreibt erstmalig über seinen Sohn. Wir beginnen damit, Kassetten zu besprechen und uns zu schicken. Trotzdem

116

gibt es eine wahre Briefflut. 12 Briefe allein im Januar. Es sind lange Briefe, meist über vier Seiten und es geht ihm vor allem um Politik, um die DDR, die Ostverträge um, … Außerdem gehen von Manfred und mir besprochene Kassetten hin und her. Am 24. 1. 1972 schreibe ich:

Dein Wunsch ist, wie Du schreibst, dass wir uns auch im politischen Bereich etwas näherkommen. Aber Du willst nicht einmal differenzieren. Emotion heißt das Schlagwort. Wir hatten heute eine sehr interessante Diskussion zum Thema »Diskussion«. Wir waren uns in einem Punkt einig. Ohne Sachlichkeit und gepflastert mit emotionalen Ausbrüchen ist keine Diskussion zu führen. Gerader Weg? Wohin kann ein solcher Weg, wie der oben beschriebene, führen? Auch mich hat das Schicksal dieser Familie beschäftigt (Anmerkung: Tödliches Ende einer Familie bei der Flucht aus der DDR). Die Sache ist schon einige Monate alt und ich hatte eine heftige Diskussion darüber. Aber gerade dieser Unmenschlichkeiten wegen müssen wir uns um Entspannung bemühen. Wie sieht Dein Weg zur Änderung der Situation aus? Krieg? Statt einer Familie 10 000? Ich weiß, das ist Polemik. Aber ein Kampf ist nur fair, wenn er mit gleichen Waffen ausgefochten wird. Du hast einmal gesagt, Du wärst ein guter Nationalsozialist geworden. Ist Dir eigentlich klar, wie viel Ähnlichkeit Kommunismus und Nationalsozialismus haben? Menschenleben gelten nichts. Wie soll ich Deine so verschiedenen Aussagen eigentlich koordinieren? Ich liebe

Dich. Ich bin also in einer Falle. Und auch schon deswegen bin ich natürlich für alles, was Du sagst besonders offen. Keine autoselektiven Mechanismen. Ich bin bereit nachzudenken. Aber es müssen schon sachliche Argumente sein. Emotionen behalte ich meinem Gefühlsleben vor. Annäherung? Gern! Aber nicht, wenn Du, wie im vorletzten Brief Politik dazu benutzt, mich im Gefühlsbereich zu treffen. Merke lieber Manfred: Politische Diskussionen gehen immer von Dir aus. Angriffe auch! Ein Fazit kann nur eine Diskussion ergeben. Dürfte ein langer Abend werden. Wenn die Karnevalsfeierei in diesen Dimensionen weitergeht, bin ich am 24. ein Wrack. Was machen wir dann? (Kleine Retourkutsche). Keine Liebeserklärungen zum Schluss nur ein s c h l i m m e r Kuss. Also doch nur Sex?
PS: Wie befreit man sich aus einer Falle? Deine A.

Manfred am 25. 1. 1972:

... und nun bringen wir Ihnen einen Auszug aus dem Bericht unseres Frontberichterstatters: Schwere Gefechte beherrschten in den letzten Tagen das Bild der Nordsee. Aus wohlinformierten Kreisen wurde bekannt, dass diese auch auf die Küsten überzugreifen drohen. Eigentlich wird von der »Weltöffentlichkeit« nicht begriffen, warum es zwischen den Staaten A. und M. zu dieser Auseinandersetzung kam. Wie verlautet, soll es um die Stationierung eigener Kräfte auf dem unbedeutenden Insel-

118

staat P (Politik) angefangen haben. Von anderer Seite wird dieser Auseinandersetzung keine grundlegende Bedeutung beigemessen, da sie weitab der eigenen Territorien stattfindet. Mir fiel die Ausgabe der Frontzeitung »Die Unterdrückung des Staates A.« vom 24. 1. in die Hand. Es durfte aber festgestellt werden, dass Unterhändler des Staates A. bereits unterwegs sind, um mit weitreichend ausgestatteten Vollmachten die Angelegenheit zu bereinigen. Einer dieser Diplomaten hat vor dem Abflug geäußert: »Politik wäre in meinen Augen der letzte Faktor, der dieses Band zerstören dürfte« ... Wir glauben, dass diese Angelegenheit bald bereinigt sein wird. Auch in nächster Zeit werden wir Sie ständig schriftlich aber auch mündlich auf dem Laufenden halten.

Liebes .... - Weib!

So, durch Deinen Brief hast Du mich in die Ecke gedrängt. Ausweg? Doch! Gemeinsam mit Dir, Du musst einfach hier sein. Und ganz ehrlich. Vor einem Satz habe ich Angst, nein besser, er stimmt mich traurig: »Also doch nur Sex?« Ich weiß nicht, wie Du diese Frage gemeint hast. Bei mir ist es keine Frage. Ich liebe Dich sehr und ich halte Dich fest (keine Besitzergreifung). Ich warte auf Dich, komm bald nach Hamburg.

PS.: Ich bin weit davon entfernt, mit Politik, Dein Gefühlsleben zu treffen. Glaube mir, Dein Gefühl war nicht der Adressat.

Dein Manfred

Manfred wird seine Versuche, Anna zu seinen Meinungen zu bekehren, nicht aufgeben. Bis zum heutigen Tag nicht.

Zurück zu den Briefen:

Im Jahr 1972 ändern sich die Briefe. Die Eltern, die ja die Kinder betreuen, werden misstrauisch. Sie glauben nicht mehr an die vielen Seminare, auch an Wochenenden. Sie missbilligen mein Verhalten, meine vielen Abwesenheiten. Das macht alles schwieriger. Zu meinem Geburtstag Anfang Februar kommt ein Brief und es kommt ein Strauß roter Rosen. Ich habe an diesem Tag viele Gäste, auch die Eltern sind da. Alle bemerken und bewundern den Strauß mit passender Vase. Sie ahnen, vom Ehemann ist er nicht. Manfred versucht ganz offensichtlich, zu provozieren. Nun müssten nicht nur die Eltern, sondern auch der Ehemann wach werden. Aber der lächelt milde. Manfred ist nach Hannover versetzt. Die Begabtensonderprüfung hat er bestanden. Er beginnt nebenberuflich Jura zu studieren. Ein sehr beschäftigter Mann also. Ich will das nicht sehen. Ich beginne an seiner Liebe zu zweifeln. (Willst Du mich wirklich noch haben? Am 16. 2.) Antwort von Manfred am 19. Februar: Du Deine Zweifel, ob ich mich ebenfalls so freue wie Du, verstehe ich einfach nicht. Gibt es da noch eine Frage?).

Ein Treffen in Hamburg ist geplant. Die Eltern: »Meine Güte Kind, so etwas kann man doch telefonisch erledigen!« Am 10. April nach einem Treffen in Angermund schreibe ich:

Ich begriff plötzlich, dass es Dinge gibt, die einem aus der Hand gleiten, die nicht mehr rational zu steuern sind.«

Der Brief ist lang und flüchtig geschrieben. Die Schrift neigt sich nach rechts unten. Die Ränder sind beschrieben. Offensichtlich ist mir auch das Schreiben aus der »Hand geglitten«.

Im April machen Fanny, Nicolas, Bernd und ich mit zwei befreundeten Ehepaaren Urlaub auf Sylt. Ich denke bei diesem Aufenthalt unentwegt an Manfred. Nachts schaue ich zu den Sternen auf. Eine Sternschnuppe zieht einen langen Bogen am Himmel. Ich wünsche mir eine Zukunft gemeinsam mit Manfred. Noch kann ich diese Gedanken verdrängen. Vier Kinder, die ihre Eltern brauchen.

Anna am 16. April:

Bitte schreibe mir ganz, ganz schnell, damit ich ein bisschen den Druck loswerde. Wann sehe ich Dich wieder? Geht es vielleicht Montagmittag bis Dienstagmorgen? Muss ich eben Gruppendynamik machen. Ich liebe Dich – mehr als gut ist.

Manfred als Antwort am 18. April:

»Das Teilhaben des anderen am eigenen Seelenleben ist uns eigentlich seit Hamburg erst richtig gelungen. Weißt Du, was

könnte deutlicher zeigen, als die Tatsache, dass sich unsere Liebe zueinander weiterentwickelt hat. Ich habe keine Angst.«

Manfred am 20. April, die beiden kennen sich jetzt ein Jahr: *Ich möchte mit Dir in eine gemeinsame Zukunft gehen. Wir lieben uns und nehmen Rücksicht auf behindernde Umstände aus Vernunft. Ich hoffe, dass ich stark genug bin, diese »Vernunft« durchzuhalten. Ich bin Dein Manfred*

Am 27. April treffen sich die beiden in Bielefeld. Dort teile ich Manfred mit, dass die Gefahr bestehe, dass sie ein Kind erwarte. Er reagiert entsetzt. Ich lasse ihn stehen. Brieflich ziehe ich einen Schlussstrich. In einem Brief vom 28. April folgt die Stunde der Wahrheit.

Er schreibt: *Falls Du dieses Kind aus irgendwelchen Gründen bekommen solltest, verspüre ich beinahe den Wunsch (wenn Dein Mann Dich auf die Straße setzen sollte oder du aus Fairnessgründen von selbst gehst) nicht heute oder morgen aber vielleicht irgendwann in der Zukunft, mir Dir zusammenzuleben.*

Als Antwort schreibe ich:
Niemand hat überhaupt Aussagen in der Richtung verlangt. Willst Du mit solchen Aussagen, Hoffnungen, die ich mir evtl. machen könnte, begraben? Schau, ich hoffe, ich bekomme kein Kind und wenn, werde ich das Problem schon lösen. Ich möch-

te diese Sache alleine durchstehen. Du spricht davon, dass sich eine Liebe darin bestätigt, wie sie in der Lage ist, schwierige Situationen zu überstehen. Jetzt haben wir unsere schwierige Situation. Schreib mir trotzdem. Deine Anna

Manfred ruft einige Male an und die beiden treffen sich am 2. Mai in Bielefeld.

Er schreibt am 3. Mai folgendes:
Nur eines wollte ich Dir klar machen, dass ich Dich zum gegenwärtigen Zeitpunkt nicht »alleine« lasse. Aus Deiner Sicht habe ich mich zu passiv gezeigt. In dieser Situation wäre es natürlich notwendig gewesen, dass wir die Nacht zusammen erlebt hätten.
Ein langer Brief. Mehr als vier Seiten.

Am 5. Mai schreibe ich:
Unser Problem hat sich leider immer noch nicht gelöst. Aber irgendwie macht mir das jetzt nichts mehr aus. Eigentlich ist über Nacht, ganz gegen jede Regel, das Vertrauen in Dich wieder da.

Am 8. Mai teile ich ihm mit, dass sich das »Problem« von selbst gelöst habe. Ich lasse mir die Pille verschreiben. Mittlerweile weiß ich auch, wie ein Orgasmus mit einem Mann aussieht. Ab sofort passiert es jedes Mal, wenn ich und Manfred miteinander schlafen. Das bindet mich noch einmal mehr. Ich konnte mit ihm darüber reden. »Das schaffen wir leicht«, ist die Antwort. Er schafft es leicht. Sie schreiben sich weiter viele Briefe, besprechen Kassetten, treffen sich meist in Bielefeld und beteuern sich gegenseitig ihre Liebe, ihre Sehnsucht und den Wunsch nach Weiterentwicklung der Beziehung.

»Hoffentlich kommt die Zeit, wo wir immer beisammen sein können«, schreibt er am 28. Mai.

Anna möchte das gerne glauben. Manfreds Familie zieht nach Hannover um.
»Damit hast Du für Dich eine Entscheidung getroffen«, schreibe ich am 31 Mai. »Warum reden wir nicht darüber?«

Manchmal scheine ich noch bei klarem Verstand zu sein. Leider hält der klare Verstand nicht lange an. Im Juni beginne ich mit Jammern und Klagen. *»Ich würde jetzt bis Hannover fahren, wenn ich könnte. Aber das sollte ich lieber nicht sagen. Wir haben uns jetzt sehr lange nicht gesehen. Jedenfalls empfinde ich das so. Und Deine Reaktionen? Wenn wir uns diese Woche nicht sehen, dann eben nächste Woche oder übernächste, oder ...*

Er schickt mir einen Rosenstrauß. Ich muss ein Vier-Wochen-Praktikum während der Studienzeit machen. Ich habe mir Miesbach in Bayern, nicht die Ostsee ausgesucht. Ich werde in einem Kindererholungsheim arbeiten. Meine beiden Kinder nehme ich mit. Nach dem Praktikum ist ein Treffen mit Manfred im Spessart ausgemacht. Mein Ehemann wird vorher die Kinder übernehmen. Das Praktikum wird ein voller Erfolg. Nicolas fügt sich in seiner Gruppe gut ein. Bernd ist in Annas Gruppe. Er leidet, dass er seine Mutter mit so vielen anderen Jungen teilen muss. Anna geht mit den anderen Mitarbeiterinnen zu Dorffesten und hat viel Erfolg bei den bayrischen Mannsbildern. Sie wollen sie unbedingt mit Enzian abfüllen. Da sie Alkohol nicht verträgt, haben sie wenig Chancen. Außerdem denkt sie oft und gerne an Manfred. Irgendwann kommt ein Rosenstrauß. Ein Brief liegt dabei: »Ausnahmsweise vom Ehemann«. Ich staune. Na sowas! Das ganze tut meinem immer noch schwachem Selbstwertgefühl gut. Wie war das noch: Hässlich, Hexe, Hure. Fanny holt die Kinder vom Kinderheim ab. Er bleibt für drei Tage in Miesbach.

Ich fahre in den Spessart. Eine traumhafte Woche mit Manfred. Wir wandern, gehen gemeinsam in ein Schwimmbad, wo ich seine Tauchkünste bewundere. Auch meine vielen Sommersprossen zeige ich ganz offen. Jede Nacht Liebe. Zweimal, dreimal ...

Trotzdem bin ich am Morgen frisch und erholt. Ich habe keine Erinnerung, wie ich dieses Arrangement mit meiner Familie hinbekommen habe.

Am 29. August gibt es wieder einen ersten Brief:

Gestern Abend ein sehr guter Freund: »Du siehst so glücklich aus und wirkst so ausgeglichen, wie ich Dich noch nie erlebt habe.« Solche Bemerkungen stimmen meinen sich sowieso in Kampfstimmung befindlichen Mann nicht gerade fröhlicher. Jedenfalls steuert die häusliche Situation jetzt einen anderen Kurs. Nach der Toleranzphase scheint jetzt die Kampfansage zu folgen.

Offensichtlich gibt es am Wochenende 2./3. September bereits ein nächstes Treffen dazu schreibt Manfred am 4. September:

Alles was Du zu mir gesagt hast, könnte man mit »Einfrieren der Beziehungen« beschreiben. Bist Du wirklich dazu fähig? Gestern als wir uns verabschiedeten, wurde ich das Gefühl nicht los, dass wir uns zum letzten Mal gesehen haben. Diese Empfindungen hätten mich fast aus der Bahn geworfen, zumal ich den Eindruck hatte, dass Du diesen Abschied wesentlich leichter als ich überwinden konntest. Ich liebe Dich, und ich möchte das Risiko eines gemeinsamen Lebens eingehen. Leicht hätten wir es beide nicht. Ich möchte Dich so bald wie möglich wiedersehen.

Ich schreibe am 14. September: (es hat zwischenzeitlich wieder ein Treffen gegeben. Da wurde Zukunft geplant.) ... *Zwei schwere Jahre für uns beide? Glaubst Du nicht, dass man gerade daran wachsen kann. Gebratene Tauben tragen kaum zur Festigung einer Liebe bei. Aber bitte prüfe genau, denn nicht nur ich, sondern auch Du wirst erhebliche Abstriche machen müssen. Wir wollen auch gar nichts überstürzen, wir müssten viele Dinge bedenken. Ich hoffe, Du siehst jetzt, wie ernst ich es meine.*

Manfred am 18. September:

... Dein Brief ist für mich wichtig, viel wichtiger, als was Du am Donnerstagmorgen gesagt hast. Meine Einstellung zu unserer gemeinsamen Zukunft habe ich Dir schon manchmal gesagt. Da ich aber keine Möglichkeit sah, Dich ohne Deinen festen Willen herauszulösen, habe ich immer geglaubt, ich würde einer Illusion nachlaufen. Ich liebe Dich und ein Zurück in eine andere Liebe für mich gibt es nicht mehr. Nur ist diese Liebe zu Dir mir zu wertvoll, dass ich sie nicht auf dem Leid anderer zwangsläufig beteiligter Menschen aufbauen möchte. Ich will sie auch nicht als Folge einer zeitweiligen übersteigerten romantischen Laune sehen. Der Grundstein für unser Zusammenleben kann nur eine tiefe beiderseitige innere Zuneigung sein, die sich in geistiger, seelischer und körperlicher Harmonie äußert. Hier setzten in der Vergangenheit meine Bedenken ein. Aus unseren vergangenen Unterhaltungen glaubte

ich immer, herausgehört zu haben, dass Du mit Deinem Mann diese notwendige geistige und seelische Harmonie in vielleicht wunderbarer Weise erreicht hast und dass lediglich die körperliche noch nicht nachvollzogen worden ist. Heute weiß ich, dass ich meine Ehe nur auf körperlicher Basis offenbar eingegangen bin. Und ein solches Erwachen möchte ich uns beiden ersparen. ...

Ich lese das so: Viele Worte um »Ich will und kann (noch?) nicht«. Es folgt ein weiterer Brief mit ähnlichem Tenor.

Am 25. September 1972 schreibe ich:

In Deinen Briefen bekam ich statt Antworten Phrasen. Da die ganze Aktion durch mich ausgelöst wurde, reagiere ich natürlich besonders empfindlich. Ganz offensichtlich habe ich gegen die Spielregeln gehandelt. Wir sollten pausieren. Wir brauchen jetzt beide Zeit zum Nachdenken. Lass uns ein Treffen für Ende Oktober planen.

Natürlich treffen wir uns zwei Tage später wieder in Bielefeld. Briefe und besprochene Bänder gehen hin und her. Es wiederholen sich die Sätze: Ich liebe Dich, ich liebe Dich, ich habe Sehnsucht, wann sehen wir uns, ich möchte eine gemeinsame Zukunft mit Dir. Die Missverständnisse mehren sich. Gefühle schlagen hohe Wellen bei beiden. Er geht zu einem Sprachenlehrgang nach Wiesbaden. Die beiden verabreden ein Treffen in Hennef. Der November ist angebrochen. Wann habe ich eigentlich studiert? Manfred hat mittlerweile zum Pädagogik-Studium übergewechselt. Jura war nicht zu schaffen. Die Zeit, die er neben militärischen Dienst, Familie und mich dafür erübrigen konnte, war zu knapp.

Ich am 6. November:

Ich meine, wir sollten an diesem Hennef-Wochenende gar nichts besonderes unternehmen. Ein bisschen laufen, ein bisschen essen und ansonsten einfach füreinander da sein und reden – über unsere gemeinsamen Zukunftspläne – zärtlich sein und lieben. Ich gebe nicht auf. Ich habe mir doch schon einmal blaue Flecken geholt.

Am 13. November 1972 schreibe ich:

... ich gehe auf Wolken, denke unentwegt an Dich, fahre höchstens 40 km/Std., bin schlicht glücklich. Man wartet im Leben auf so viele Dinge. Warum sollte man nicht auf ein gemeinsames Leben warten können? Vielleicht sollten wir mal ein bisschen gemeinsame Lebensplanung betreiben. Reale oder realisierbare Vorstellungen machen Warten meist leichter. Ich meine, unsere nächsten längeren Beisammenseins sollten wir dazu benutzen.

Es folgt ein zehn Seiten langer Brief von Manfred, geschrieben im Auto auf der Fahrt von Neuwied nach Düsseldorf. Das Schreiben des Briefes beginnt um 13.15 Uhr und endet um 3.00 Uhr nachts. Es hat Schneefall eingesetzt, der immer stärker wird und der kilometerlange Staus verursacht. Ein Sachstandsbericht, der unterbrochen wird von kleinen Liebeserklärungen.

Am 14. November schreibe ich:

Gestern habe ich zum ersten Male nach zwei Jahren »Schöner Wohnen« gekauft. Denk mal nach, was das zu bedeuten hat?

Manfred, Mittwoch,15. November:

... Deine letzten beiden Briefe haben eine wichtige Aussage. Sie waren zukunftsorientiert. Und das macht mich sehr glücklich. Wir beide haben empfunden, wie wichtig unser letztes Beisammensein für uns war. Und solche Gefühle führen uns weiter und fester zusammen.

Anna am Sonntagmorgen, 19. November:

Fannys Verhalten ist ein Problem für Dich. Wahrscheinlich hätte ich gestern mehr darauf eingehen sollen. Aber ich kann nur wiederholen. Was soll er sonst noch tun? Er hat alle Verhaltensmöglichkeiten durchgespielt. Nichts hat geholfen. Er kann mich also nur noch herauswerfen. Außerdem musst Du bedenken, seine Handlungen sind nur selten emotional bedingt.

Vielleicht sollten wir wirklich ins „»ins kalte Wasser springen«. Oder wenigstens mal anfangen, gemeinsam zu sparen. Jedenfalls irgendetwas schaffen, an dem wir beide uns in den Augenblicken, wo wir glauben, es nicht mehr ertragen zu können, festhalten können.

Es waren Bundestagswahlen. Willi Brandt hat gewonnen. Damit beschäftigt sich der nächste Brief von Manfred. Er ist sauer und unglücklich. Er meint, ich hätte triumphiert. Außerdem schreibt er am 21. November folgendes:

Deine Idee, mit irgendeiner gemeinsamen Aktion einen Startschuss zu geben, greife ich auf. Ich meine, wir sollten einen gemeinsamen Ratensparvertrag eröffnen und das vielleicht in Bielefeld. Es wäre ein sichtbarer Stein auf dem Weg zu einem gemeinsamen Leben. (Anmerkung: Ich habe zu diesem Zeitpunkt kein eigenes Geld. Zu einem Ratensparvertrag kommt es auch nicht.) Er will es offensichtlich vergessen. Ich erinnere noch einmal daran, dann gebe ich auf. Ich war noch nie beharrlich, so bin ich es jetzt auch.

Es folgt ein brieflicher und telefonischer Kleinkrieg. Es geht um Politik und um die Frage, wer wen mehr liebt. Fanny und ich sprechen inzwischen über Scheidung.

Am 23. November schreibe ich:

Deine Reaktion Sonntag am Telefon hat in mir das Gefühl ausgelöst: »So geht das nicht weiter«. Ich habe dann zu Hause gesagt, dass ich mich scheiden lassen möchte. Die erste Reaktion war, dass ich sofort ausziehen könnte. Die zweite, Niedergeschlagenheit und Traurigkeit. Aussprüche wie: »Ich kann den Gedanken, dass Du mich verlässt einfach nicht ertragen.« Solche Aussprüche drehen mir fast den Magen um. Mit Aggressionen werde ich fertig. Mit Traurigkeit nicht.

Manfred hat berufliche Schwierigkeiten. Er hat den Sohn eines prominenten Politikers (zu?) hart bestraft. Ich gehe kaum darauf ein.

Er: Gestern brauchte ich einfach Hilfe. Die hast Du nicht erkannt oder zu leicht genommen. Das ist meine Erfahrung. Heute hat sich meine Natur durchgesetzt: »Die können mich alle mal.« Gestern hast Du mich allein gelassen. Dass ich von meiner Frau keine psychische Hilfe erwarten kann, weißt Du. Und mir zu sagen (sinngemäß: Sieh´ mal zu wie Du damit klar kommst, ist einfach betrüblich. In der Zeit, da ich meine Sorgen und Nöte von Dir fernhielt, war das Verhältnis zwischen uns beiden besser. Zu ahnen, dass man möglicherweise beim anderen keinen seelischen Halt findet, ist wohl eine schmerzliche Erkenntnis.

Bei einem Telefonat nach dem Brief gegen Mittag wird das ausgebügelt: Heute Mittag bei unserem Telefonat warst du großartig. Das hat mich beschwingt. Ich freue mich auf unsere gemeinsame Zeit in Bielefeld. Vergiss aber bitte nicht, Dein Herz mitzubringen. Der Brief ist etwas kopflastig. Es steht zwischen den Zeilen zu oft – ich brauche Dich - eine Variation von ich liebe Dich. Weihnachten ist vorbei. Ich habe in meiner, Manfred in seiner Familie gefeiert. Natürlich. Ich habe zwei Fäden Lametta in den Baum gehängt. Für Manfred gehört Lametta unbedingt dazu. Ich, die Puristin, mag Lametta nicht.

Manfred am 27. und 28. Dezember. Zwei sehr lange Briefe: *Weihnachten ist vorbei. Ich danke für Deine Zeilen. Und das nächste Weihnachtsfest will ich mit Dir gemeinsam verbringen. Gemeinsam unseren Baum schmücken. Hast Du zwei Lamettafäden als Symbol für unseren gemeinsamen Baum aufgehängt? Mein Sohn Armin schenkte mir einen selbstgebastelten Kasten für Manschettenknöpfe. Merkst Du etwas? (Ich habe Manfred zu Weihnachten ein paar silberne Manschettenknöpfe mit Monogramm geschenkt. (Ich habe eine Freundin, die Goldschmiedin ist). Der Heiligabend wurde mit einem Haar von Dir auf meiner Schulter eingeläutet. Den weiteren Verlauf brauche ich nicht zu schildern. Wenn ich dann bedenke, in welcher Weise wir beide das Weihnachtsfest hätten begehen können, wird mir bewusst, dass es wohl besser gewesen wäre, im Herbst Hals über Kopf, alles zu verlassen. Im Grunde genommen war ich bei Dir. Ich werde Dich immer lieben.*

So endet das Jahr 1972. Ein Jahr voller Berg- und Talfahrten.

Das Jahr 1973

Ein Jahr und 258 Tage kennen die beiden sich jetzt. Manfred und Anna, beide verheiratet. Beide je zwei Kinder. Wir nehmen kaum noch Rücksicht auf unsere Familien. Vier Kinder, eines der Kinder ist gerade drei Jahre alt, eine Ehefrau, ein Ehemann sind betroffen. Die Protagonisten muten allen fast Unglaubliches zu. Hormone bestimmen vor allem mich. Bin ich überhaupt noch zu klaren Gedanken, Handlungen fähig? Hatte der Vater vielleicht doch recht, als er Angst um mich hatte? Viele Versprechungen werden gegeben, Handlungen folgen nicht. Gnadenlos frönen die beiden ihrer Lust. Liebe und Streit. 113 Briefe werden 1973 geschrieben, viele Bänder besprochen, viele Anrufe gehen hin und her. Wir treffen uns, wann immer es möglich ist. Was wird das Jahr 1973 Neues bringen?

Sonntag, 13.1.1973 schreibe ich:

Ich bin entschlossen, die nächste Zeit intensiv für mein Studium zu nutzen. Ich will auch ernsthaft an mir arbeiten. Natürlich hast Du in vieler Beziehung recht. Aber so direkt zugeben kann ich das natürlich nicht.

Am 14.1. schreibt Manfred:

Du fährst mit Familie in den Rheingau und ich fuhr mit Familie in den Harz. So bewegt sich jeder von uns beiden in dem ihm juristisch zugedachten Bereich. Damit ist zwangsläufig verbunden, dass man die Erkenntnis gewinnt, dass unsere Verbindung auf Sparflamme läuft.

Er zündet die Sparflamme in der kommenden Zeit. Ich studiere fleißig und finde das Thema für meine Examensarbeit. Sie wird die Kindergartenarbeit in Duisburg untersuchen. Schwerpunkt sollen Stadtgebiete mit sozialschwachen Familien sein. Ich führe ein Gespräch mit zwei Dozenten, die die Arbeit begleiten sollen und finde eine Mitstreiterin für mein Thema. Eine empirische Arbeit bedeutet nicht nur Lesen und Schreiben, sondern auch viel Lauferei bzw. Fahrerei. Ich lese die entsprechende Literatur. Dabei kreist Manfred ständig durch Kopf und Körper. So vergeht der Januar.

Für den 9./ 10. Februar wird ein Treffen in Bielefeld geplant. Zu meinem Geburtstag kommt ein Strauß mit vier roten und drei gelben Rosen, die den Zustand der Beziehung dokumentieren sollen.

Über das Treffen schreibe ich am 11. Februar:

Ich denke an Dich und an gestern und ich finde, dass unsere Zukunftspläne zum ersten Male ein hohes Mass an Realität hatten. Die Zukunft mit Dir schien mir manchmal zum Greifen nahe. Der Ehemann hat mir offenbart, dass er am Karnevalssamstag in Warburg ein Referat halten muss. Er will erst Sonntag oder Montag wieder zurückkommen. Ich habe Ähnliches erwartet. Vielleicht sehen wir uns an diesen beiden Tagen. Aber wenn Du Donnerstag oder Freitag kommst, bin ich auch nicht traurig. Ich bin Alleinsein durch Training gewohnt.

Am 12. Februar schreibe ich:

Gespräche, Harmonie, Liebe, positive und negative Spannungen zwischen Dir und mir. Diese Vorstellungen machen ein Leben mit Dir so erstrebenswert, dass alles andere verblasst. Aber in diese Gedanken mischt sich sehr schnell Angst. Wie lange sind Menschen in der Lage das festzuhalten? Wird nicht der Alltag das Meiste verblassen lassen? Hatten wir beide nicht ähnliche Hoffnungen, Wünsche und Gefühle, als wir unsere jetzigen Partner heirateten? Wir waren beide jung, als wir uns entschieden und die Entscheidung damals war sehr emotional. Ist es diesmal anders? Diese und ähnliche Gedanken wirst Du bestimmt auch haben.

Am 19. Februar schreibe ich:

Fanny wird sich wahrscheinlich doch mit Deiner Frau treffen (falls er den Mut aufbringt, sie anzurufen) Er will wohl wissen, wie ernst die Situation aus der Sicht Deiner Frau ist.

Am 23. Februar schreibt Manfred: *Gestern Abend erfuhr ich, dass Dein Mann meine Frau angerufen hat. Sie hat darauf gleich ihren Rechtsanwalt konsultiert. Der hat von einem solchen Treffen dringend abgeraten. Man könnte ihr das später nur negativ auslegen. Sie schlägt nun ein Treffen zwischen uns allen vor. Was soll aus einem solchen Treffen schon werden, wenn zwei sich verliebt in die Augen sehen und hoffen, dass die beiden Störenden sich bald entfernen ... Manchmal sehe ich es als blödsinnig an, dass wir noch bis zum nächsten Jahr warten sollen. Wie geht es Dir mit Deiner Periode? In der Vergangenheit habe ich häufig in Gedanken erörtert, ob es für uns vielleicht notwendig ist, dass wir ein gemeinsames Kind haben. Vielleicht habe ich darin zu konservativ gedacht. Fälschlicherweise glaubt man manchmal, dass ein Kind das ersetzen könnte, was die Psyche nicht vermag.*

Was für ein illusionärer Brief, denke ich heute. Er mit hohen Verpflichtungen gegenüber seiner Familie, sie mit nicht abgeschlossenem Studium, und dann noch ein Kind. Schon damals wusste ich genau, dass ich kein Kind mehr wollte. Ich habe mir dann auch bald die Gebärmutter entfernen lassen. Zwei Ärzte hatten eine Senkung festgestellt. Den Mann, den wollte ich unbedingt haben. Voraussetzung, war für mich meine finanzielle Unabhängigkeit. Trotzdem habe ich bereits im zweiten Jahr des Kennenlernens ständig »Zukunftsplanung« gefordert. Da hatte

137

ich noch keinen Pfennig eigenes Geld. Ich hatte nichts als ein gerade begonnenes Studium. Wir beide haben in Worten und Briefen Illusionen genährt. Ich mehr und öfter als er. Eine solche Konstellation oder besser Liebschaft, wie wir sie damals geführt haben, war nur in dieser Zeit möglich. Die Forderungen der 68er Bewegung fanden auch in der Mittelschicht Anklang. Zudem waren beide – Anna und Manfred – neben allem anderen, auch Studenten. Die meisten Mitstudenten waren im Schnitt 10-15 Jahre jünger. Bei ihnen fanden die neuen Strömungen zuerst Eingang.

Am 24. Februar schreibe ich:

Es ist erschreckend, wie sehr Du Dich mit Deiner Frau identifizierst. Du sprudelst ja fast über. Hast Du bedacht, welchen Effekt Du damit bei mir auslöst. Ich identifiziere mich jetzt mit meinem Mann. Alles kann man ihm unterstellen, nur keine bösen Absichten Deiner Frau gegenüber. Im Gegenteil, seine bösen Absichten galten uns beiden. Das hat er ja jetzt auch erreicht. Wir beide dividieren uns auseinander. Grüße Deine Frau von mir. Ich wäre bisher ohne Rechtsanwälte, Rechtsbeistände und Rechtsauskünfte ganz gut ausgekommen. Man regelt vieles besser allein mit Verstand, Liebe und Optimismus.

Manfred am 15. März: ... *Auf jeden Fall habe ich mich über Deine letzten Briefe gefreut. Irgendwie haben sie eine gewisse*

Wende in unserer Beziehung unterstrichen. Welche Wende? Nun, jene, die uns unsere gemeinsame Zukunft präziser als bisher artikulieren ließ.

Im April macht meine Familie mit Freunden Urlaub im Tessin. Die Beziehung von Anna und Manfred wird durch Familienurlaube immer sehr belastet. Eifersucht macht sich breit. Ein gemeinsames Leben rückt dann für den anderen in weite Ferne. Aber auch für mich werden die Tage zur Nagelprobe meiner Ehe. Es gibt Streit. Ich will abreisen. Die Wohnung, die wir gemietet haben, liegt über der der Vermieter. Die Kinder müssen leise sein. Nichts passt wirklich. Irgendwann beginnt es zu schneien. Als Erinnerung geblieben ist ein Bild: Die blühenden Apfelbäume werden in der Nacht mit Schnee überpudert. Dieser Anblick begeistert mich. Er wird konserviert in meinem Gedächtnis.

So schreibt Manfred auch am 29. April:
Mein Zuversichtsbarometer für eine gemeinsame Zukunft zeigt fallende Tendenz.

Am 30. April schreibe ich:
Hannover? Vielleicht wäre ich gekommen. Aber mit dem Gefühl im Herzen, das Du Dich das letzte Mal meiner geschämt hast, und möglichst im Dunkeln parken wolltest, nur dass mich keiner sieht. Nein danke!

Die Berg- und Talfahrten gehen weiter. Wut, Enttäuschung, Verzweiflung wechseln sich ab mit Sehnsucht und »unendlichen Glücksgefühlen« und Gedanken an den anderen.

Am 10. Mai schreibt Anna:

Gerade habe ich »Strategien kompensatorischer Erziehung« durchgeackert. Mein Zorn auf kapitalistische Systeme erreicht bei derartiger Lektüre immer seinen Höhepunkt. Aber das hat eigentlich gar nichts mit Dir zu tun. Zwar bist Du ein Bewunderer des Kapitalismus, aber da ich in ihm auch nicht schlecht lebe, hast Du natürlich recht, wenn Du diesen Zorn als »Mittelschicht-Oberfläche« abtust.

Ich am 15. Mai:

Heute an der Hochschule ist mir plötzlich klar geworden, wie verschieden unsere Arbeit sein könnte, wenn ich einmal mit Jugendlichen arbeiten sollte. Ein Sozialpädagoge, der mit einer Gruppe Jugendlicher arbeitet, muss folgendes beachten: Man beachte die männliche Form (!), heute würde sie Sozialpädagogin sagen und das auch von anderen fordern. Der Einzelne muss wichtiger sein, als die Gruppe. Er darf die Jugendlichen nicht drängen, soziale Kontakte zu suchen, sie müssen freiwillig gesucht und geschlossen werden Normen dürfen niemals aufgedrängt werden.

Ein Major der Bundeswehr aber muss das ganz anders sehen: *Die Gruppe ist immer wichtiger als der einzelne. Er muss die Jugendlichen dazu bringen, schnellstmöglich soziale Kontakte zu suchen. Kameradschaft ist eine für seine Arbeit unerlässliche Voraussetzung. Dies wird er fördern durch schwierige Unternehmungen (z.B. Zeltlager unter primitiven Bedingungen, wo Zusammenhalt und Arbeit aller absolut notwendig sind (Richtig?) Normen muss er natürlich aufzwingen, sogar mit Strafen. Du siehst, noch mehr Konfliktstoff zwischen uns. Aber auch mit Konflikten befasse ich mich momentan.*
These: Die Tatsache, dass kein Konflikt besteht, darf nicht als Zeichen der Stärke und Stabilität einer Beziehung aufgefasst werden. Widerstandsfähige Beziehungen können sogar durch ein an Konflikten reiches Verhalten gekennzeichnet sein. Die Wissenschaft ist doch etwas sehr Schönes. Mit ihr lassen sich die meisten Dinge rationalisieren.

Endlich, denke ich, als ich 2016 diese Briefe lese. Endlich triefen sich nicht mehr nur von Sehnsucht, Liebe und Meinungsverschiedenheiten. Hoffentlich hält das etwas an. Aber es hält nicht an.

Meine Familie wird für vier Wochen nach Südfrankreich fahren. Am 14. Juni schreibe ich:

Ich schwanke zwischen Abstand gewinnen und schrecklicher Angst vor den nächsten vier Wochen, Angst vor der langen

Trennung, Angst vor den Belastungen, die diese vier Wochen mit sich bringen.

Sie hat Manfred das Buch von Bach/Bach geschenkt: »Streiten verbindet«. Darin liest er nun. Am 23. Juni schreibt er:

Oft beschäftigt mich auch Deine Feststellung (Wir saßen bei Brands Busch beim Bier): »Wie ich mich auch entscheide, es wird immer falsch sein!« Du, was heißt das genau, wenn Du so etwas sagst?

Am 29. Juni schreibt Anna aus Südfrankreich:

Dies ist ein merkwürdiger Urlaub. Und was ich jetzt schreibe, darfst Du nicht missverstehen. Ich bin sehr glücklich hier. Frei und ungebunden. Meine Gedanken sind fast immer bei dir. Dieses Gefühl ist so intensiv, dass ich am liebsten »Manfred« in den Sand malen möchte. Ein Orgelkonzert in einer Kirche in Prades. Pablo Casals gibt dort jährlich Konzerte. Ich genieße den warmen Sand, den Wind, der den Bauch kitzelt, Bücher, die ich lese, die südfranzösische Landschaft. Ich hoffe, dass Du in Deinem Urlaub ähnliche Gefühle hast. ... Du glaubst nicht, an welch´ merkwürdigen Dingen ich Spaß habe. Ich bin eine leidenschaftliche Köchin. Ich brate Seezungen, Hühnchen, koche Suppen und alles à la francaise. Ein mütterliches Erbteil? Wäsche mal wieder mit der Hand waschen, ist auch ganz hübsch.

Dann am 15. Juli:

Manfred wird mit seiner Familie in den Urlaub fahren. Die beiden treffen sich vorher in Bielefeld und offensichtlich hat es eine ernsthafte Auseinandersetzung gegeben:

.... Ich bin in einer schrecklichen Verfassung seit Bielefeld. Jeder Nerv meines Körpers fieberte Dir entgegen und es kostete eine Menge Überwindung, damit fertig zu werden. Ich glaube, das ist unsere besondere Tragik. Wenn der eine besonders engagiert ist, ist der andere »unterwegs«.

Manfred am 16. Juli:

Was sollte die destruktive Kritik an meiner Person?

Am 27. Juli: *Im Gegensatz zu Dir, weiß ich über einen herrlichen Urlaub nichts zu berichten. Krankheit der Kinder. Schlechtes Wetter und dann? Dann, ja dann ist eben »die Frau« oder »die Person« auch stets präsent. Bei der Besichtigung eines hiesigen Musterhofes sah ich eine Einrichtung zum Beschneiden von Tierhufen. Ich muss einmal überlegen, ob man damit nicht auch die »Krallen« einer bestimmten Katze entfernen kann. Noch eins: Denke daran, was die Lage betrifft, sind Briefe aus dem Urlaub doppelt zu bewerten!*

Was nicht in den Briefen steht:

Im vergangenen halben Jahr hat mich der Teufel geritten. Manfred wurde in meinen Freundeskreis eingeführt. Ich gefalle mir darin, mit zwei Männern zu glänzen. Manfred spielt mit. Er hat die bessere Rolle. Freundin Ille weiht ihre Wohnung ein. Ille und ich laden Manfred ein. Als Freund der Freundin. Ein neuer Stern am Partyhimmel. Er dreht auf. Er zeigt mir, was er wert ist. Ich leide, aber ich bin auch stolz. Nur noch Augen und Hände für ihn. Ein Disput zwischen Fanny und Manfred um Weinkenner und Weinliebhaber erzeugt atemloses Zuhören. Spätestens um Mitternacht wissen es alle. Mein Liebhaber. Noch macht der Ehemann gute Miene zum bösen Spiel. Ich fahre mit ihm nach Hause. Am nächsten Morgen breche ich früh in das Hotel auf, in dem Manfred übernachtet. Ein nächstes Mal nehme ich Manfred mit zu sehr guten Freunden von Fanny. Wir besuchen sie einfach, ohne Anmeldung, in deren Ferienhaus im Westerwald. Die Freunde schauen entgeistert. Das bringt das Fass zum Überlaufen. Was treibt mich an? Warum führe ich meinen Mann in einer derartigen Weise vor? Will ich mich rächen für Kränkungen in den letzten Jahren? Will ich ihn provozieren, dass er gar nicht mehr anders kann, als die Scheidung zu verlangen, schreit mein Selbstwertgefühl nach Genugtuung oder will ich Manfred imponieren?

In Wuppertal kommt es zu einem unangenehmen und lauten Ausbruch von Manfred. Er hat mir ein Opernglas geschenkt.

Perlmutt, mit gold- und silberfarbener Einfassung. Das soll im Opernhaus am Abend eingeweiht werden. Er hat zu tun und ich soll die Opernkarten besorgen. Irgendwie verschlampe ich das. Sein Ausbruch erschreckt mich. Wer ist er eigentlich, dieser Manfred?, frage ich mich. Bei jedem Treffen und in vielen Briefen kommt es zu größeren und kleinen Streitereien. Meist geht es um Politik, oft aber auch um Kränkungen, die wir uns gegenseitig bewusst, oft sicher unbewusst, zufügen. Beide sind wir sehr empfindlich. Beide oft gedemütigte Flüchtlingskinder. Ausgebügelt wird das alles in den Nächten. Die Beziehung wird überhitzt und unkontrolliert. Ich habe jedes Maß verloren. Ich versuche zu bremsen. Werde ich damit Erfolg haben?

Nach unzähligen Kleinen, steht die erste große Krise vor der Tür. Am 10. August 1973 schreibe ich:

Heute muss ich Bilanz ziehen: Das, was am gestrigen Abend und am heutigen Morgen passiert ist, war schlicht scheußlich und erscheint mir wie ein Alptraum. Wie kann es zu solchen Vorkommnissen kommen, bei zwei Menschen, die sich doch angeblich lieben, dass sie leichtsinnig mit ihrem derzeitigen Leben spielen und es aufs Spiel setzen. Ich habe lange darüber nachgedacht. Die Spannungen zwischen uns beiden bestehen ja nicht erst seit gestern und ich glaube, die beiden Hauptfaktoren sind gesellschaftliche Isolation und eine fehlende eigene Intimsphäre. Sylt, so hatte ich mir gedacht, könnte uns da ein wenig helfen. Ist es für Sylt nun zu spät? Bleiben uns nur noch das Zusammenfegen der Scherben und ein Adieu, mit der Versicherung, dass, nachdem die schlimmsten Wunden geheilt sind, wir »gute Freunde« werden können. Ich hoffe, Du bist, wie ich der Meinung, dass die Scherben zwar da sind, dass aber noch genügend »Restporzellan« vorhanden ist, um einen neuen Tisch zu decken. Mit anderen Worten, ich hoffe, wir haben beide dazu gelernt und unser Gefühl ist wirklich so tief, wie wir glaubten. Denn dann wird dies nicht der Abschied gewesen sein. Ich liebe Dich, ich möchte mit Dir nach Sylt fahren und muss nun doch um Entschuldigung bitten für mein völlig blödsinniges Gehabe in den letzten Wochen. Ich warte auf eine Antwort. Bitte lass´ mich nicht zu lange warten. Deine Anna

Am 11. August schreibe ich:

Eben erhielt ich Deinen Brief. Wie unterschiedlich unsere Reaktionen gestern waren. Aber der Brief an sich, die Tatsache, dass er da ist, bedeutet schon eine Menge. Einen Anruf halte ich derzeit für Fehl am Platze. Um diesen Riss heilen zu können, braucht es mehr.

Telefonate muss es trotzdem einige gegeben haben. Denn am 13. August schreibt Manfred: ... *Zeit: Ich erwarte Dich am Montag, 17. 8. ab 11.30 Uhr im Restaurant des Flughafen-Gebäudes ... Aber zunächst »blüht« nur meine Phantasie in Richtung Sylt. Gleich rufe ich Dich an. Dein Manfred*

Sowohl Manfred als auch Anna haben in dieser Zeit ein Band besprochen. Manfred hat sich Notizen zu diesen Bändern gemacht. Er hat in dieser Zeit ein Kind angefahren. Es ist zwar nichts passiert, er war auch schuldlos, das Kind war ganz unmittelbar vor sein Auto gesprungen, aber das Ganze nimmt ihn trotzdem sehr mit. Er ist angeschlagen. Ich kann wenig Trost bieten. Sätze wie: »Für keinen Mann der Welt würde ich mein Studium aufgeben«, trösten auch nicht. »Wenigstens saß mein Verstand nicht völlig in der Hose«, denke ich heute. Aber für ihn war das in dieser krisenhaften Zeit nicht der richtige Ausspruch. In der nächsten Zeit schreibe ich viele Briefe und warte auf Anrufe. Sehnsüchtig, sehr sehnsüchtig, verzweifelt, wütend und traurig.

Am 3. September schreibt Manfred:
Ein Telefonat wie am Samstag hatte ich seit einiger Zeit nötig. Aufrichtig sage ich Dir – Danke – dafür. Vielleicht sind Männer, und da bin ich wohl keine Ausnahme, besonders anfällig für das, was man allgemein mit »Umsorgtsein« anspricht. Viele meiner Fragen an Dich entstammen eben diesem Problemkreis. Vielleicht kann man auch sagen, wir beide »funktionieren« im psychischen Bereich wieder. Wir hatten unseren Krach. Er ging sehr lautstark von sich. Trotzdem glaube ich, dass wir diesen »Teil« in Bielefeld überwunden haben. Gefordert wird von uns beiden der Blick nach vorn. Eigentlich habe

*ich im Innersten nie daran gezweifelt, dass wir beide nach Sylt
fahren. ... Letztlich bist Du doch lieb!*

Die beiden fahren dann für 12 Tage nach Sylt. Manfred hat
eine schlimme Zahnentzündung, so dass die Zeit im Nachhin-
ein zerschnitten und kurz erscheint.

Am 3. Oktober kommt der erste Brief von Manfred:

*... Mein stärkster Eindruck ist, dass die Zeit wie im Fluge ver-
gangen ist. ... und dann die Übereinstimmung im körperlichen
Bereich. Weißt Du, alle Bedenken, die ich Dir gegenüber einmal geäußert habe, haben sich einfach aufgelöst. Ich weiß,
dass wir beide ein ganz intensives Liebesleben führen und ich
fühle, dass wir zu einem lebendigen Zusammenleben fähig
sind. Diese Erkenntnis ist eigentlich mein schönstes Mitbring-
sel aus Sylt.*

Ich am 6. September: *Sylt? Sylt war für mich, eintauchen in
Dich. Erproben von Zusammenleben. Die äußeren Belastungen
zerschnitten die Zeit. Sie ließen die Zeit so schrecklich kurz erscheinen. Es bleibt die Erkenntnis, dass ein gemeinsames Leben die Verwirklichung einer Traumvorstellung bedeuten
könnte. Ich habe Sehnsucht nach Dir.*

Am 8. Oktober:

Inzwischen habe ich ein ganz mulmiges Gefühl. Wenn ich mich jetzt nicht anstrenge, werde ich noch durchs Examen fallen, denn das rückt nun bedrohlich nahe. Momentan bin ich überfordert. Ich werde in der nächsten Zeit etwas weniger anrufen und schreiben. Ich brauche eine kleine Erholungspause von Dir. Vor Sylt habe ich all meine Energie und Kraft auf Dich konzentriert. Ich war in einer ganz verzweifelten Phase. Jetzt muss ich einen großen Teil dieser Energie vor allem meinem Studium widmen. Das ist sehr gut so. Einen solchen Zustand wie vor Sylt kann niemand sehr lange durchstehen. Morgen früh muss ich schon um 8.30 Uhr in der Hochschule sein.

Na endlich, ich komme zur Besinnung!
Aber der Zustand hält nicht lange an. Die zwischen den beiden schwelenden Schwierigkeiten, brechen wieder in Kleinkrieg aus.

Manfred am 9. Oktober 1973: *Du hast heute Morgen angerufen. Manfred und Anna sehen sich morgen. Schon ist der Friede eingekehrt. Anna hat Manfred Pfeffer in den Hintern geblasen und schon »spurt« Manfred.*

Manfred am 11. Oktober: *Nach dem Telefonat von gestern ist mir viel eher nach konfliktträchtigem Verhalten.*

Ich am 19. Oktober:

Lieber Herr Major, warum zahlst Du postwendend Gleiches mit Gleichem heim? Warum verlangst Du vom anderen, dass er immer mehr bringen muss als Du? Mehr Liebe, mehr Sehnsucht, mehr Verlangen, mehr Nachgiebigkeit, mehr Seelenwäsche, mehr Kilometer usw. usw. Ist Dein Selbstbewusstsein so schwach? Ich bin immer noch in einer verhältnismäßig ausgeglichenen Gemütsverfassung – sicher eine Nachwirkung von Sylt. Ich werde versuchen, diese – nicht um jeden Preis, aber doch so lange es eben geht, zu erhalten. Pokern und Taktik sind momentan falsche Methoden. Selbstbewusstes Demonstrieren von Liebe und Sehnsucht wäre besser. (Du hast da noch einiges nachzuholen.) Aber wahrscheinlich bilde ich mir das alles nur wieder ein. Du bist halt ein vielbeschäftigter Mann und hast mich schon fast vergessen. Wenn's so ist, schreibe es wenigsten. Wenn es nicht so ist, schreibe es oder sage es auch. Ich hasse diesen unehrlichen, oberflächlichen Ton. Dass ich auch nicht in der Lage bin, ihn durchzuhalten, zeigt Dir dieser Brief. Ich hasse Dich, trotzdem bin ich schon wieder fast bereit für ein Wiedersehen manches Seminar ausfallen zu lassen. Verdammt, ich will nicht immer auf die gleichen Mechanismen hereinfallen. Dies war das letzte Mal. Immer noch Deine Anna

Offenbar fordere ich in dieser Zeit sehr oft ein Wiedersehen. Ich muss dem Mann doch allmählich lästig geworden sein, denke ich heute. Bereits am 10. Oktober fordere ich in einem kurzen Brief wieder ein Treffen.

Manfred am 22., 23. und 24. Oktober:

Die erste Seite Deines Briefes, den ich heute erhielt, ist wohl unter Überschrift: »Angriff ist die beste Verteidigung« zu sehen. Merke: Auch wenn das »Kind« gewaschen werden soll, so wäre es doch vergeblich, wenn man es anschließend mit dem Bade ausschüttet. Das zu Deinen Brief heute Morgen. Du besinnst Dich zu oft Deiner teutonischen Abstammung und stürzt Dich dann mit blitzenden Augen auf alles was sich in Deiner Nähe bewegt. Emanzipation predigend versuchst Du, jede eigenständige Bewegung im Keime zu ersticken. Denke bitte daran, an eine Teutonin kann man sich nicht anlehnen, sie fordert ständig aggressives Verhalten heraus.

Es geht unverändert so weiter. Ich fahre mit Fanny für ein Wochenende in den Bayrischen Wald, um den Urlaub für das nächste Jahr festzulegen. Manfred ist gekränkt und schreibt lange Briefe. Er hat seiner Frau offenbart, dass er sich niemals von mir trennen würde, und schlägt ihr vor, mit dieser Feststellung zu leben. Er meint, dass Anna mit Fanny keine Schwierigkeiten habe. Wörtlich: Dein Mann sieht die ganze Sache nüchtern. Zwei »Kleine« probieren die große Liebe, ohne die Rechnung mit dem Wirt gemacht zu haben. Fazit: Sie hat keine Chance und damit wird sich nichts ändern.

Er schlägt eine Pause bis nach Weihnachten vor.

Manfred am 9. November:

Wir sehen uns heute! Heute Mittag werde ich mit innerer Freude zu Dir fahren. Ich warte auf Dich.

Anna am 27. November: *Der Abend, die Nacht und der Morgen mit Dir klingen in mir nach. Aufbauend auf unwahrscheinlicher körperlicher Harmonie und schon schmerzhaft empfundenem Verlangen, haben wir wohl endlich wieder einen Weg beschritten, der uns aus dem seelischen Tief herausführt. PS.: Ich habe mich selten körperlich so wohl gefühlt, wie nach Ratingen.*

Anna am 15. Dezember:

Nach 2 ¾ Jahren taucht plötzlich auf den Tag genau bei uns beiden das Wort »Lebenskonzept«, »Lebensplan« auf.

Anna am 23., 24. Dezember (5 Seiten!). Sie wird mit ihrer Familie am 2. Weihnachtsfeiertag nach Amrum fahren.

Ich wünsche Dir einen »guten Rutsch« und gute Vorsätze, die sich auf uns beide beziehen. Mir wird hoffentlich der kalte Wind Amrums alle Grillen aus dem Kopf blasen.

Manfred am 31. Dezember, 12.00 Uhr:

Uns beiden wünsche ich ein harmonisches 1974, dass als Höhepunkt unser Zusammenleben haben möge. Darüber hinaus wollen wir zunächst viel Kraft und Rücksicht dafür aufwenden, dass Du Dein Examen so gut als möglich absolvierst. Meine Gedanken umkreisen Dich ständig. Du verlebst den Jahreswechsel an der Nordsee, hast weder angerufen, noch geschrieben. Ich werde wieder im Kasino sein. Zum letzten Silvester hast Du mich angerufen. Wirst Du es heute wieder versuchen? Wenn Du vom Urlaub zurückkehrst, sollst Du einfach ein paar Zeilen von mir vorfinden. Weihnachten habe ich, bedingt durch ständige Missverständnisse in einer sehr angespannten Atmosphäre verbracht. Manchmal glaubst Du, Du müsstest zu viel investieren. Bedenke bitte, was Minna von Barnhelm aufwenden musste, bis sie ihren »Tellheim« hatte. Ich liebe Dich sehr.

Das Jahr 1973 zwischen Anna und Manfred läßt sich mit einem Satz beschreiben: »Im Westen nichts Neues.«

Das Jahr 1974: Das Examensjahr

Es geht weiter. Wenig ändert sich. Die Briefe könnten auch aus dem Jahr 1973 stammen. Anna klagt über zu wenig Treffen. Sie klagt überhaupt auf hohem Niveau. Dabei hat sie genug zu tun. Seminare an der Fachhochschule müssen besucht werden.

153

Der Fragebogen für die Examensarbeit muss entwickelt werden. Der Jugendamtsleiter der Stadt Duisburg steht den beiden Studentinnen, Anna und Ulla, gerne beratend zur Seite. Das bedeutet Termine müssen wahrgenommen werden. Die Befragungen für die Examensarbeit sind durchzuführen. 50 Befragungen, viel Fahrerei, viel Zeit. Ich muss oft gegen 8 Uhr aus dem Haus. Die Kinder fordern ihr Recht. Wenn die Eltern nicht können, muss ich das irgendwie anders organisieren. Der Ehemann ist viel auf Reisen. Die kommunale Neugliederung steht im Landtag an. Keine Hilfe also. Zwar helfen die Eltern, wo sie können. Aber sie sind natürlich keine Rundum-Betreuung. Ich habe wieder große Probleme mit meinem Selbstwertgefühl.

So schreibe ich am 14. Januar: *Du erinnerst Dich doch an den Tanz in Kiel mit Partnerwechsel. Da ist etwas vorgefallen, von dem Du offenbar gar nichts bemerkt hast. Da stand ich plötzlich ganz allein da. Ich blickte hilflos durch die Gegend. Aber Du tanztest natürlich. Eine Alptraum-Situation für mich und das noch mit Dir als Zeugen. Das Mauerblümchen treibt augenblicklich kräftige Blüten. Dann war da plötzlich dieser junge Mann (er hatte am Tisch gesessen) und bat mich um den Tanz. Ich wünsche mir nur, dass, wenn ich das nächste Mal beobachte, dass sich jemand ganz einsam fühlt, auch so reagieren werde. Warum ich Dir diese Geschichte erzähle. Ich weiß es nicht. Ich möchte nur, dass Du sie kennst.*

Im Brief vom 16. Januar 1974 schreibe ich:

In letzter Zeit habe ich mir viele Gedanken über uns beide gemacht, vor allem auch über die unterschiedlichen politischen Standpunkte. Ich war es ja wohl, die politische Diskussionen weitgehend unterdrückt hat. Auch, weil ich das Gefühl hatte, dass diese Diskussionen für Dich eine Art Ventil waren. Heute im Konfliktseminar habe ich nach einer Lösung dieses Problems gesucht. Also:

a) Trennung

b) Beherrschung, d. h. einer versucht, den anderen zu beherrschen, er soll seine Meinung aufgeben.

c) Kompromiss, jeder gibt einen Teil seiner Meinung auf.

d) Integration, Partnerschaft wird als wichtiger angesehen als Meinungskonformität. Verständnis und sachliche Diskussion beherrschen die Szene.

Die letzte Möglichkeit ist natürlich die Ideallösung. Aber werden wir beide das wirklich bringen?

(Anna heute: Nein, wir werden nicht. Manchmal gebe ich ihm recht, um des »lieben Friedens Willen«.)

Einen vorgesehenes Treffen mit Manfred sage ich ab. Am 5. Februar 1974 schreibe ich:

Die Tage sind momentan angefüllt bis zum Rand. Heute Sonderschule für geistig Behinderte. Immer wieder dieselbe Situation. Misstrauen gegenüber Sozialpädagogen. Misstrauen ge-

*genüber ihrer Haltung in unserer Gesellschaft und zu soge-
nannten fest gefügten Ordnungen. Misstrauen gegenüber ihren
Fähigkeiten. Ein Sonderschullehrer, das ist halt was. Der Erzieher, mit dem man überwiegend zusammenarbeiten muss,
taugt nicht viel. Aber was, um Gottes willen, ist ein Sozialpädagoge? Nun ja, wenn wir dann gehen heißt es, »man habe sich
ein ganz falsches Bild gemacht« und wie gerne man mit uns zusammenarbeiten würde. Also Erfolgserlebnisse. Leider nicht,
denn es wird immer deutlicher, Sozialpädagogen müssen schon
überdurchschnittlich sein. Vielleicht gelingt es ja, in den
nächsten zehn Jahren ihren Status zu heben.*

Am 20. Februar nach einem gemeinsamen Rendsburg-Besuch:
*Ich hatte ständig das Gefühl, dass Du lieber mit Deinen Kame-
raden etwas unternehmen würdest und ich nur störe. Und in
der Mittagspause demonstrierst Du ja auch sehr deutlich, wohin es dich wirklich zieht. ... Zudem bist Du mit einer Wirkung
auf Frauen ausgestattet, die ständig andere Beziehungen
fürchten lassen. Ich sollte klug sein und mich nicht auf ein solches Experiment einzulassen. Aber leider ...*

Es gehen zwischen dem 20. und 25. März fünfzehn dichtbe-
schriebene Seiten hin und her. Sie sprechen von Sehnsucht,
Liebe, körperlichem Verlangen, Missverständnissen. Alles seit
über drei Jahren bekannt. In einem Brief vom 24./25. März be-

schreibt Anna den Verlauf eines 2-tägigen Treffens in Bielefeld: Sonntagmorgen, 24. Montagmorgen 25. 3. 1974

Lieber Manfred,

ich sollte an Vorschulerziehung denken und denke an Dich ...
Ich sollte über Vorschulerziehung lesen und schreibe an
Dich...

Bielefeld aus meiner Sicht? Gedanken von Sonntag- und Mon
tagmorgen: Wir sind gerade angekommen und sitzen im Hotel
zimmer auf der Couch. Du redest von Programm. Ich möchte
Dir nahe sein. Du legst Deinen Kopf in meinen Schoß. Soll
ich? Aber ich rede auch von Programm und wir gehen. Im
Rauchfang beim Essen. Wir streiten. In den Augen sitzt Zärt
lichkeit und straft die Worte lügen. Kinobesuch: Du sagst:
»Warum rückst Du soweit fort, dann könntest Du ja auch in
Duisburg sein und ich in Hannover?« Ich will nichts lieber als
Dir nahe sein. Du knabberst an meiner Hand und ich denke:
»Hoffentlich ist sie auch sauber, die Hand.« Der Film interes
siert mich nicht. Ich muss mich immer wieder zwingen, zuzuhö
ren. Wir trinken Wein im Ratskeller und die Stimmung ist ein
bissschen verkrampft. Du erzählst von beruflichen Schwierig
keiten. Wie soll ich sie – so aus der Ferne – ohne einen der an
deren Beteiligten zu kennen - richtig beurteilen? Bei meiner
Arbeit als Supervisorin musste ich genau das. Zuhören und
dem Supervisanden dabei helfen, dass er eine Lösung für sein
Problem findet. Aber bis das so weit ist, werden noch ein paar

Jahre vergehen. Ich fühle, Du erwartest jetzt etwas von mir, stellst mich auf den Prüfstein. So bemühe ich mich, Dir klarzumachen, dass Deine Situation alltäglich ist. Aber das hilft Dir nicht. Was nun? Wieder im Hotelzimmer. Ich will nichts weiter, als Dich spüren, Deine Haut, Deine Zärtlichkeit, Deinen Mund ...

Morgens im Bett. Ich weiß immer noch nichts über Deinen momentanen Gefühlszustand, Deine Gefühle mir gegenüber, Deine häusliche Situation. So gerate ich wieder in eine Stimmung, die ich schon gut kenne. Mir fehlt der psychische Bezugspunkt zu Dir. Ich starte eine kleine Inquisition. Voll Bewunderung muss ich feststellen, wie Du es verstehst, mir zunächst indirekt zu antworten. Beim Frühstück bin ich entspannt. Ich plappere. Aber im Hinterkopf sitzt die Angst vor dem Abschied. Und ein richtiges Gespräch fehlt immer noch. Wir gehen spazieren. Nehmen uns genügend Zeit. Ich bin sehr froh. Wir reden miteinander ... bis, ja bis ich wieder anfange zu plappern. Du solltest mich bremsen (Du versuchst es wohl auch, aber zu indirekt!) Du solltest mir das ein bisschen abgewöhnen. Am Abend warte ich auf Deinen Anruf. Er kommt nicht. Ich schwanke zwischen zwei Gedankenrichtungen: Sorge: Dir könnte etwas passiert sein. Verständnis: Du bist zu Hause nicht fortgekommen. Ich werde Dich anrufen. Deine Anna

Montag, 9.50 Uhr:
Dir geht es gut und ich bin froh.

Manfred am 26. März 1974, 17 Uhr
Liebes Weib,

gestern Abend stehe ich am Telefon im Kasino. Dann rufe ich doch nicht an, weil ich glaube, dass in dem Trubel, der jetzt bei Dir herrscht, dieser Anruf untergeht. Abend dann zu Hause Kontroverse über den Fernsehfilm: »Entscheidung in Sylt« vom Sonntag. Er ließ mich Dir besonders nah sein. Wenn auch die Bilder von Sylt viele Erinnerungen wach riefen, so war das Thema des Films kein Modellfall für uns. Die Liebe zweier Menschen, allerdings mit erheblichem Altersunterschied endete, als die Frau einen Unfall erlitt. Heute Morgen fahre ich in Gedanken an Dich zum Dienst – ein wundervoller Morgen. Und dann wird mir bewusst, dass wir nicht über unseren gemeinsamen Urlaub gesprochen haben. Mittags erhalte ich Deine Zeilen. Sie wirken auf mich so, dass ich den Stil am liebsten voll kopieren möchte. Dieser Brief gibt »Bielefeld« so haarscharf wieder – Anna, ich bewundere Dich. Bis Rendsburg hatte sich in mir ein Gefühl der Hoffnungslosigkeit breitgemacht, das in der Furcht mündete, wir könnten, von beiderseitiger Blindheit geschlagen, aneinander vorbeigehen. Zunehmend überkam mich die Angst, dass wir uns verlieren würden und ich könnte nichts daran ändern. Manchmal sah ich unsere Lie-

be »wie Sand zwischen den Fingern« hinweg rieseln. Berufliche Schwierigkeiten dienten auch nicht dazu, die Szene aufzuheitern. Dennoch war diese Phase für mich wichtig. Ich begann nach Rendsburg endlich zu begreifen, dass Du für mich wichtiger als alles andere bist. Mir wurde bewusst, dass ich viel zu lange an Deiner Aufrichtigkeit gezweifelt hatte. Ich erkannte, dass dem Bollwerk des »Misstrauens« die zarte »Waffe« der Liebe nicht gewachsen war. Diese und andere Gedanken wollte ich Dir in Bielefeld sagen. Abends im Rathaus: Schnell hattest Du erkannt, welches »Echo« der falsche Verlauf eines Gespräches über erhebliche eigene Schwierigkeiten hätte haben können. Du konntest mir wenig Rat geben, das merkte ich. Aber es blieben bei mir kein falscher Eindruck und auch kein Gefühl – nicht verstanden worden zu sein – zurück. Irgendwie fühlte ich, dass ich in der augenblicklichen Situation Dich einfach überfordern würde. Ich suchte Hilfe bei Dir und eigentlich hast Du sie mir am anderen Morgen auch gewährt. Unser Spaziergang auf der Sparrenburg. Was unsere Zukunft betrifft, ist meine Argumentation manchmal schizophren. Einerseits überfüttere ich Dich mit Dingen, die unsere Zukunft behindern könnten und andererseits hoffe ich, dass Du Dich davon nicht beeindrucken läßt. - Auf einem Baum vor dem Kasino beobachte ich, wie zwei Tauben versuchen, sich zu finden. Es scheint so, dass nicht nur wir Menschen um unsere Zweisamkeit kämpfen müssen. Es mag ein kleiner Trost für uns sein.

Irgendwie fühle ich mich nicht in der Lage, auf einen so lieben Brief, wie den Deinen von heute Morgen zu antworten. Wir sehen uns vor Ostern. Es ist gut, dass die halbe Jahreszeit vorbei ist. Vielleicht sind wir wieder zu spontanen Wiedersehen fähig. Du, ich rufe Dich an. Ich liebe Dich sehr. Dein Manfred

An den Rand dieses Briefes hat Anna Bemerkungen geschrieben: »Beschreibungen ohne Gefühlsinhalt«, »interessant wäre, was Du zum Thema »Urlaub« gedacht hast«, »Phrasen«, »Geschichtsbeschreibung«.

In Ihrer Supervisoren-Ausbildung von 1981 – 1984 hat Anna zwei Rückmeldungen bekommen, die sie nie vergessen hat. Die eine lautete: »Wenn es um Beteuerungen geht, dass man Dich liebt, wertschätzt oder bewundert, bist Du unersättlich.« Die andere kam von einem männlichen Teilnehmer: »In manchen Deiner Reaktionen erinnerst Du mich sehr an meinen Großvater«. Na, da hatte wohl »der Nagel mitten auf den Kopf getroffen«.

Anna macht über Ostern wieder Urlaub mit der Familie. Auch diesmal in der Schweiz. Wenn einer von den beiden mit der Familie in Urlaub fährt, ist das für den anderen meist nur schwer zu ertragen. So ist es auch dieses Mal. Manfred schreibt vorwurfsvolle Briefe. Der Brief, den Anna geschrieben hat ist ganz zerknittert. Manfred hat ihn wohl zunächst in den Papierkorb geworfen und dann doch wieder herausgefischt. So beginnt eine erneute Talfahrt.

Anna am 26. März 1974: *Auf Deine Karte wollte ich eigentlich nur mit einem einzigen Satz reagieren.»Ich hatte in den letzten Monaten eigentlich nie das Gefühl, dass Du Gipfel erklimmen wolltest. Keine Gipfel mit mir zusammen jedenfalls.« Ich habe diesmal nur genau so reagiert, wie Du dies bei Deinem letzten Familienurlaub und auch bei dienstlichen Reisen getan hast: Keine Adresse vorher. Einige Tage warten, bis man anruft. Einen wenig engagierten Brief schreiben. Fröhlich betonen, dass »es gut geht«. All´ diese Dinge habe ich still notiert. Meine Reaktionen in diesem Urlaub waren nicht geplant. Aber nach so vielen Enttäuschungen der letzten Zeit ergaben sie sich zwangsllläufig. Wir haben viele »nette Dinge zwischen uns« inzwischen abgeschafft. Wir pokern zuviel. Lässt sich diese Schranke noch zurückdrehen? Ich möchte mit Dir reden, reden, reden! Was bedeuten Deine derzeitigen Reaktionen? Resignation, Enttäuschung? Hoffentlich keine Resignation!*

Manfred am 26. April, 14.30 Uhr:

Du kannst doch wohl nicht mal im Traum von mir erwarten, dass ich sehnsüchtig auf Deine Rückkehr warte, um im nächsten Augenblick mit Dir ins Bett zu gehen. Wenn Du es doch erwartest, dann musst Du Dir gefallen lassen, dass ich annehme, dass Du unsere Beziehung als »Seitensprung« siehst. Welche Funktion der Seitensprung hat, braucht ja wohl hier nicht weiter erörtert zu werden. Alles ändert nichts daran, dass ich mich über Deinen Anruf gefreut habe. Vielleicht sollten wir uns

Ende nächster Woche sehen. Am Montag können wir ja am Telefon darüber sprechen. Manfred

Zwischenzeitlich hat Anna sich manchmal gefragt, warum die beiden nicht genau das getan haben: Einen netten Seitensprung haben, ohne die eigene Familie damit zu gefährden. Ich war wohl am ehesten nicht dazu in der Lage. Meine Defizite an Liebe, Bewunderung, Auseinandersetzung, an intimem, erfülltem Beisammensein waren zu groß.

Das Jahr 1974 ist das Examensjahr und bei Bestehen des Examens auch das Jahr, in dem das Anerkennungsjahr beginnt. Das bedeutet, dass ich eine Stelle für dieses Jahr finden muss. Wenn ich heute die folgenden Briefe lese, scheint es fast ein Wunder, dass ich das Examen bestehen werde.

Hier nur einige wenige Auszüge aus den Briefen:

Heute war ein sehr anstrengender Tag. Von 9 – 16 Uhr ununterbrochen (1 Tasse Kaffee gegen 14.30 Uhr) Examensarbeit. Dann die häusliche Misere. Bernd hat auf eine heiße Herdplatte gefaßt. Dabei hat er sich Verbrennungen an der Hand und am Arm zugezogen. Ich bin sehr erschrocken und frage mich nach der eigenen Verantwortlichkeit. Hätte ich nicht besser aufpassen müssen.

Am 10. Mai:

Im Augenblick bleibt eigentlich wenig Zeit für liebe, sehnsüchtige Gedanken, denn das nahende Examen verschlingt Ulla und mich mit Haut und Haar. Gestern haben wir eine Art Probeklausur geschrieben: Allerdings nur Gliederung und Materialsammlung. »Der Mensch ist der Erziehung bedürftig, fähig, willig und würdig«. Nehmen Sie Stellung zu diesem Ausspruch des Philosophen Reiring. Eine solche Klausur im Ernstfall, und ich bin geliefert.

Aus dieser Zeit stammt auch ein Brief der Kommilitonin und Freundin Ulla (ohne Datum):

Liebe Anna, wie ich Deinem Schreiben entnehme, geht es Dir, abgesehen von den Beschwernissen einer manfredfreien Zeit, ganz ausgezeichnet. Wenn Du aber meinst, das Examen wäre noch in weiter Ferne, so ist das ein Irrtum. Ich hoffe, Du lernst, da ich ja schon nichts tue. ... Am Tag des letzten Abgabetermins für die Examensarbeit war ich in der Schule und wurde natürlich wieder fürchterlich frustriert. Trappman und Aust hatten ein Buch (in Leinen gebunden) von ca. 350 Seiten abgegeben. Franz Nater und noch einige andere haben das Deckblatt in Tusche gestaltet, schwarz, praktisch überwältigend. Scheiße. Vorige Woche habe ich die Kinder nach Köln gebracht und gedacht, ich könnte mich mal in Ruhe mit Klaus treffen (Dozent an der FHS), von ihm wird noch zu reden sein). Da sagt mein Oller strahlend, er würde sich auch eine Woche Urlaub nehmen, um mit mir allein zu sein. Dann wird meine Mutter krank. Also fällt auch die Woche Urlaub aus. Irgend eine höhere Macht scheint ein Auge auf mich geworfen zu ha-

ben und will unter allen Umständen verhindern, dass ich ein sündiges Leben führe. Sündige Du wenigstens. In diesem Sinne, so leb denn wohl. Grüße an Mann und Kinder.

Die Examensarbeit ist datiert unter dem 18. Juli 1974 und heißt Untersuchung der Kindergartenarbeit und der dem Leitgedanken der individuellen Förderung am Beispiel der Stadt Duisburg. Manfred habe ich ein Exemplar mit einer Widmung geschenkt: »Für Manfred, der, während diese Arbeit geschrieben wurde, ein kleines bisschen mehr liebevolle Zuwendung hätte zeigen können.«

Die Arbeit übt harsche Kritik an der derzeitigen Kindergartenarbeit: Betrachtet man die Übersicht der didaktisch-methodischen Pläne im Ganzen fällt auf, dass Kindergärten weitgehend themenorientiert arbeiten, d. h., ein einzelnes Thema wird herausgegriffen und in den verschiedenen Bildungsbereichen behandelt. (Sommerzeiten und Feste sind da sehr beliebt.) Die Arbeitsplanung im Kindergarten scheint sich jedoch weitgehend auf Stichworte bzw. Gedächtnishilfen für Erzieherinnen beschränken. Sowohl Zielvorstellungen als auch Hinweise zu Methoden und Medien fehlen. Hier bestätigt sich erneut der eigentliche Mangel heutiger Kindergartenarbeit. Sie erscheint unreflektiert und ohne übergeordnetes Konzept. Es folgt dann ein Ausblick, der sich im »Vorläufiger Rahmenplan für die Erziehungs- und Bildungsarbeit im Kindergarten« des Landes

Nordrhein-Westfalen findet. Kindergartenarbeit ist gerade im Umbruch und in Kürze soll ein Kindergartengesetz verabschiedet werden. Die Zielvorstellungen, die dort benannt werden, wie z. B. »Befreiung der Eltern von jeglichen Beiträgen in den nächsten Jahren« werden nicht eingehalten werden. Auch der »Situationsorientierte Ansatz« wird nicht lange Bestand haben. Kindergärten und Schulen werden auch in den nächsten Jahrzehnten Spielball der Länderpolitik bleiben. Anna und Ulla gefällt ihre Arbeit. Sie hat nicht so viele Seiten, ist nicht so kostbar gebunden, aber der Jugendamtsleiter hat ihnen Stellen für das Anerkennungsjahr und darüber hinaus angeboten. Wir sollen im Anerkennungsjahr vormittags im Kindergarten arbeiten und am Nachmittag für eine Tätigkeit als »Fachberaterin für Kindertageseinrichtungen« eingearbeitet werden. Die beiden jetzt dort tätigen Kolleginnen gehen in den Ruhestand. Die Hausarbeit sollte die Einführung und Erprobung des »Situationsorientierten Ansatzes« zum Inhalt haben und dann in den Einrichtungen der Stadt (98 an der Zahl) eingeführt werden. Wenn das keine guten beruflichen Aussichten sind. Die Bezahlung ist für frisch gebackene Sozialpädagogen überdurchschnittlich gut. Aber es soll nicht so einfach werden, wie die beiden sich das vorgestellt haben. Zwei Dozenten werden die Arbeit beurteilen. Der Erste benotet sie mit der Note »1,7«, der Zweite mit einer glatten »5,0«. Da muss nun eine Dritte hinzugezogen werden. Frau Dr. W. ist eine engagierte Vertreterin des »themenorientierten Ansatzes«. Außerdem ist auch viel Eifersucht im Spiel. »Zwei Ladys, die Sozialpädagogin spielen wollen und sich aufspielen«, verkünden die Buschtrommeln. Die Beratungen dauern wohl lange und die endgültige Note soll nach Abschluss der mündlichen Prüfung festgelegt werden. Das bedeutet Anspannung für die Monate bis September. Da ihr zwei Gynäkologen eine erhebliche Gebärmuttersenkung bescheinigen, lässt Anna sich noch zwischendurch die Gebärmutter entfernen. Nach der Operation erklärt ihr einer der Ärzte, dass sie keine weiteren Nebenwirkungen zu erwarten habe. »Nur Frauen aus einfachen Milieus hätten danach manchmal Schwierigkeiten. Sie glaubten, nun nicht mehr eine vollwertige Frau zu sein.« Eine dumme, überhebliche Aussage. Aber ich bin noch nicht in meiner »Emanzipations-Phase«. Ich widerspreche nicht. Ich habe jedenfalls damit keine Probleme. Ich bin froh, nun keine Monatsblutung mehr zu haben und die Angst vor einem Kind ist mir damit auch genommen. Im August macht die Familie Urlaub in Bayern. Wieder einmal gemeinsamer Urlaub mit der Familie. Ich kann mir nicht einmal selbst erklären, warum ich (wir) gefahren sind. Fanny und ich wollten wohl nicht endgültig loslassen. Das wird sich auch in den Jahren, als die Trennung bereits vollzogen und die Scheidung ausgesprochen ist, zeigen. Aber letztlich waren das meist sehr schöne Wochen mit vielen Wanderungen, gutem Essen, einer netten Wohnung, einem schönen Hotel oder Bauernhof.

Ich erinnere mich nicht an Streit. Es ging ganz harmonisch zu. Für die Kinder, die dann endlich ihren Vater hatten, waren die Tage besonders wichtig.

Im Bayrischen Wald sind zwölf Tage Bauernhof und fünf Tage wandern von Hütte zu Hütte angesagt. Die Hüttenwanderung schafft Anna nur drei Tage, dann platzt der Reißverschluss ihrer Wanderhose. Auch die Kinder sind darüber glücklich. Plumpsklos sind auch nicht so ganz in ihrem Sinn. Auf dem Bauernhof leben die Kinder gemeinsam mit vielen Tieren. Wir machen gemeinsam Tageswanderungen, sammeln Pfifferlinge im Wald, die uns die Bäuerin dann abends serviert.

Der Vater schlägt ständig »Abkürzungen« vor. Oft enden diese sog. Abkürzungen im Nichts. Einmal landen wir an einem Fluss, der nicht zu überqueren ist. Umkehren, heißt es jetzt. Die Steigung wieder hinauf und noch etliche Kilometer zurück zum Hauptweg. Abends gegen 20 Uhr landen wir dann auf dem Hof. Die Bäuerin hatte sich schon Sorgen gemacht. An den restlichen Tagen verweigert die Familie dem Vater die Gefolgschaft. Wir lachen viel und hänseln den »armen« Fanny. Er trägt es mit Fassung. Wichtige Familientage sind das. In diesen Urlauben kann ich meist entspannen und die Familie auch.

Aber der Stress mit Manfred geht weiter. Am 15. August 1974 schreibe ich:

Bitte, lass uns friedlich sein, um Harmonie bemüht. Die mühsam im Urlaub errungene innere Ruhe brauche ich für meine

Prüfung ... und jetzt heule ich schon wieder. Trotz Urlaub: Du hast immer noch die besseren Nerven.

Manfred am 19. August:

Manchmal frage ich mich, wie zwei Menschen, die vorgeben sich zu lieben, sich gegenseitig soviel Leid zufügen können?

Anna am 19. August 1974:

Ausgeglichenheit und Urlaubsruhe sind schneller verschwunden, als ich es je für möglich gehalten hätte. Lohnt sich dieser psychische und physische Aufwand wirklich? Gleichzeitig weiß ich, dass es den Knopf für eine rationale Entscheidung nicht gibt. Ich merke an mir selbst, dass so viele Enttäuschungen mich kleinlicher gemacht haben. Ich habe nun auch Angst, Angst vor Enttäuschungen, die Du mir zufügst.

Manfred am 15. September:

Wie steht es mit Deiner Arbeit? Diesbezüglich stehe ich weitgehend ohnmächtig neben Dir und kann nicht helfen. Du, wann sehen wir uns?

Anna am 16. September:

Heute war ich den ganzen Tag in der Hochschule. Gespräche mit den Drs. Sch. und K. Ulla hat mit Dr. W. telefoniert. Fazit: K. erzählt uns, seine so schlechte Note sei letztlich eine Trotzreaktion (!) auf die ihm zu gut erscheinende Note von F. gewe-

sen. »Wenn sie besser als »2« sagen, sage ich »5«. Es kam zum Streit und die Fronten wurden festgefahren. Er war lieb und nett und freundlich, seine Einwände konnten wir bis auf einige »formale« Fehler, wie z. B. Kommas widerlegen. Aber von einer »5« kann er nicht runter. Dr. F. meint, wir hätten es besser einzeln versuchen sollen. Mein Kommentar: »Sie meinen doch nicht etwa mit weiblichem Charme und so?« Antwort: »Etwas in der Richtung.« Da bleibt Dir der Verstand stehen. Prof. W. hat die Arbeit noch nicht gelesen. Sie scheint aber wohlwollend zu sein. Ulla sagt, sie ließ mich dreimal grüßen. Merkwürdig!? Mündlicher Prüfungstermin ist am 30. 9. Danach Mitteilung aller Prüfungsergebnisse. Heute in 14 Tagen also. Du siehst, Deine Rosen kamen zum rechten Zeitpunkt. Besser wäre: Mit Dir reden, mit Dir schmusen, mit Dir schlafen, mit Dir einschlafen, mit Dir aufwachen. Mit Dir, und sonst niemanden. Ich brauche Dich. Deine ...

Ich bestehe die mündliche Prüfung, Wie habe ich das bloß gemacht? Ulla besteht sie nicht. Eine nochmalige Prüfung steht für sie an.

Am 2. Oktober 1974 schreibt Anna:

Nach dem Examen macht sich bei mir eine schlimme Leere breit. Die innere Unruhe kann wohl nur langsam abklingen und so macht sie sich in Aktivitäten wie Telefonaten, Einladungen und Haushalt Luft. Wenn ich an Ullas Situation denke, wird mir ganz übel. Ich habe heute mit einer guten Freundin telefoniert. Sie meinte, dass Ullas Intelligenz zu »theoretisch« sei. Beim Schreiben habe ich sehr davon profitiert. Den Wert meines eher praktischen Denkens wollte sie nicht sehen. Genau da liegt ihr Problem.

Anna am 12. Oktober nach einem Band von Manfred: *Ich muss sagen, für mich ist es fast eine Traumvorstellung so gelassen reagieren zu können. Meist habe ich das Gefühl, Dich mit meinen Emotionen zu überschütten.*

Am 2. November 1974 schreibe ich:

Der Gedanke, dass ich mich von meiner Familie trennen würde und dann mit ähnlich leeren Händen dastehen könnte, bereitet mir Alpträume. Wir werden vom 20. bis 28. November mit Freunden an den Genfer See fahren. Es soll Schweizer Wein gekauft werden. Ich bin froh, dass ich bald anfange zu arbeiten. Eine Besprechung beim Jugendamt ist prima gelaufen. Ab Januar sollen wir die gesamte Weiterbildung für Erzieherinnen in die Hand nehmen. Ich glaube, diese Arbeit wird mich ausfüllen und – ich habe Euch Männer immer darum beneidet – es mir möglich machen, meine Beziehung zu Dir besser einzuordnen, sie rationaler zu sehen.

Manfred am 6. November:

Du, ich mag jetzt einfach nicht mehr schreiben, Bedenke bitte auch in Zukunft, dass ich Dich sehr lieb habe. So wie ich die Dinge beurteile, werden sich Deine familiären Verhältnisse zum Besten wenden. Insbesondere wenn man das »Maß der Freundschaft« für eine gute Ehe anwendet.

Lebe wohl. Manfred

Anna am 8. November 1974:

Wenn es einen Appell von mir für unsere Zukunft geben darf, dann lautet er: Einander glauben, mehr Zutrauen zu sich selbst und zum anderen haben. Lebe wohl sagen kann ich nicht. Es sei denn, Du verlangst es von mir. Deine Anna

So vergeht der November. Viele Briefe, viele Telefonate werden gewechselt. Es gibt auch ein kurzes Treffen. Dort wird im Bett erst einmal wieder alles glattgebügelt. Es hält aber nur, bis ich mit dem Ehemann an den Genfer See fahre. Manfred ist sehr gekränkt und er reagiert auch so.

Am 2. Dezember schreibt Anna folgenden Brief:

Da ist unser Schiff wieder einmal gestrandet. Der Vorwürfe sind am Telefon genug gewechselt worden. Heute ist mein erster Arbeitstag. Turbulenzen den ganzen Tag. Vor Unruhe habe ich nicht geschlafen. Jetzt ist wieder ein Zeitpunkt, wo man den anderen als ruhenden Pol brauchte. Offenbar haben wir beide dieses Glück miteinander nicht. Ich habe Sehnsucht.

Deine Anna

Auch im Dezember gibt es vor allem heftige politische Auseinandersetzungen. Ich bin im Grunde immer noch keine politisch
denkende und vor allem handelnde Frau, wundere mich selbst
über meine Beharrlichkeit. Aber mir geht es wohl vor allem um
»Sich nur nicht unterkriegen lassen«. Die körperliche Beziehung ist das Band, das die beiden aneinanderbindet.

Anna am 9. Dezember 1974:

*Ich spüre Deine Haut immer noch, hoffentlich hält dieses
Wohlgefühl noch ein bisschen an.*

Manfred am 11, Dezember: *Ich habe mit Dir in Bielefeld eine
»reife« körperliche Beziehung empfunden und das habe ich auf
vier Seiten umschrieben! Und sie ist eine Säule! Dein Manfred*

Anna am 23. Dezember 1974:

*Ob wir beide wohl auch noch gemeinsam Weihnachten feiern
werden? All´ meine Weihnachtsbriefe bisher waren zuversicht-
lich, stellten das eigentlich nicht in Frage. Aber die Jahre ver-
streichen. Bald werden es vier Jahre sein. Ich glaube, wir wissen – diesmal beide sehr genau – wenn das Jahr 1975 keine
Entscheidung bringt, wird es für uns beide keine Entscheidung
geben. Ich liebe Dich mit allen Fasern meines Körpers und mit
allem, was ich an Verstand besitze. Eigentlich müsste das für
ein gemeinsames Leben reichen. So hoffe ich auf 1975.*

Das Jahr 1975

Fanny will nun dieses Spiel nicht weiter mitspielen. Er verlangt die Scheidung. Ich tue mich schwer. Ich fange auch bei ihm an, »zu klammern«. Manchmal setzte ich mich auf seinen Schoß und lege meinen Kopf an seine Schulter. Ich beginne zu begreifen, dass mit der Scheidung ein großer Teil meines bisherigen Lebens verloren gehen wird. So viele schöne Erinnerungen, an die Jahre mit ihm, die dann nicht mehr zu teilen sind, nichts mehr wert sind. Der Freundeskreis hat die Trennung längst erwartet und Fanny hat wohl mit seiner Mitarbeiterin im Landesparlament eine Beziehung begonnen. So kommt es zur Scheidung. Ich werde schuldig geschieden. Fanny sagt: »Das ist besser für meine Karriere«. Mir ist es egal. Mir ist plötzlich alles egal. Ich verzichte auf einen eigenen Anwalt. Auf das Haus. Auf einen Sohn. Fanny besorgt eine Wohnung und zahlt Unterhalt bis zum Beginn meiner Berufstätigkeit. Ich bekomme 50.000 DM. Damit bezahle ich die Einrichtung der Wohnung. Während dieser Wochen hat eine Mitarbeiterin der Stadt Duisburg unsere Kinder in unserem Haus befragt, bei welchem Elternteil sie nach der Scheidung bleiben möchten. Nicolas, bald 16, mit 17 Jahren wird er sein Abitur machen, entscheidet sich für den Vater, Bernd für seine Mutter. Meine Eltern besorgen den Umzug. Sie wollen ihn mir ersparen. Ich bin auf einer Fortbildung in Münster. Ich tue so, als ginge mich das Ganze nichts an. Meine ausgeprägten Verdrängungsmechanismen kommen zum Einsatz.

Scheidungsvereinbarung:

»Zwischen dem Verwaltungsangestellten a.D. Dr. rer. pol. … und der Sozialpädagogin (grad.) Anna ….

Die Parteien sind sich darüber einig, dass ihre Ehe zerrüttet ist, und zwar aus dem alleinigen Verschulden der Frau ….

…

Die Parteien sind übereingekommen, dass die Kinder Nicolas und Bernd selbst bestimmen können, bei welchem Elternteil sie verbleiben wollen. Die Entscheidung ist dahingehend ausgefallen, dass Nicolas bei Herrn … und Bernd bei Frau … bleiben.

… den 29. November 1975

Die Parteien verzichten wechselseitig auf Unterhalt und Unterhaltsbeiträge für Vergangenheit, Gegenwart und Zukunft, auch auf sog. Notunterhalt.

Frau... ist damit einverstanden, dass Herr Dr.… das Alleineigentum, ein Haus und Hausgrundstück erhält. Sie verpflichtet sich, entsprechende Erklärungen in der dafür erforderlichen Form abzugeben.«

Das Jahr 1975 sieht entsprechend aus. Ich arbeite vormittags im Kindergarten. 25 Kinder, oft aus den sozial schwächeren Familien habe ich in meiner Gruppe. Nachmittags bin ich im Jugendamt. Ulla und ich erproben jeweils in ihrem Kindergarten den »situationsorientierten« Ansatz. Ich habe Glück. Die Leiterin steht mir zur Seite. Bei Ulla sieht das ganz anders aus. In ihrer Einrichtung stößt sie vor allem bei der Leiterin auf Widerstände. Die Arbeit ist sehr anstrengend. Das wäre kein Beruf für mich. Aber meine Wertschätzung für Erzieherinnen steigt. Leider schwirren im Kindergarten eine Anzahl von Kinderkrankheiten herum. Sie fliegen auch auf mich. Am Ende des Ausbildungsjahres, am 1. Januar 1976 werde ich trotzdem kaum Fehltage aufweisen. Jetzt will ich es wissen. Ulla und Anna greifen Situationen der Kinder auf und entwickeln daraus eine sogenannte »Didaktische Einheit«. Am Montag sind die Kinder meist besonders aufgedreht, zuviel Fernsehen, zuwenig Bewegung, zuviel Aggressivität auf oft engem Raum. Da ist viel Bewegung angesagt. Situationen wie: »Wir lernen unsere Umgebung kennen.« oder »Was mein Körper alles kann«, bieten sich da an. Für Fünfjährige gibt es »Didaktische Schleifen«. »Wie sieht es eigentlich in der Schule aus?«, ist ein Projekt. Dazu gehören dann z. B. Konzentrationsübungen, Schulbesuche, ein Gespräch mit der Lehrerin und anderes mehr. (Zusammenarbeit mit Grundschulen wird im »situationsorientierten Ansatz« gefordert und gefördert). »Meine Mutti ist krank, was kann ich tun?«, »Warum muss ich auf dem Weg zum Kindergarten aufpassen?« (Verkehrserziehung gemeinsam mit der Polizei): Ulla und Anna probieren in ihren Gruppen manches Ungewohnte und Neue aus. Am Nachmittag beginnen sie dann damit, die Leiterinnen der Einrichtungen in den Ansatz einzuführen. Am Abend falle ich buchstäblich ins Bett. Wie gut, dass meine Eltern da sind. Sie möchten auch, dass die Tochter es schafft. Die Zeiten haben sich geändert. Den Ehemann interessiert das wenig. Er hat neben Beruf, Landtag, kommunaler Neugliederung wenig Zeit für die Familie. Die Beziehung zu Manfred ist und bleibt anstrengend. Zu anstrengend. Ich balanciere am Rande meiner Kräfte.

Noch einmal ein Blick zurück auf die Monate vor der Scheidung. So schreibe ich am 26. Februar:

Zu Hause lebt man nebeneinander her und die Abneigung mit dem Ehepartner zu schlafen (trotz mangelnden Kontakts und mangelndem Einverständnis mit Dir!), wird fast unüberwindlich. Merkwürdig ist das im Leben. Irgendwo bewege ich mich im luftleeren Raum. Wo und wer bist Du, Manfred?

Am 2. März: *Ich will nicht immer diejenige sein, die auf ein Treffen drängt. Ich war es schon zu oft. Ich brauche das Empfinden, dass Du auch Sehnsucht hast und das gibst Du mir nicht.*

Manfred am 31. März: *Das Zusammensein mit Dir am Freitag war so wundervoll, dass der einzige sinnvolle Abschluss sein konnte, wann wir zusammenziehen. Diese Frage habe ich unzulänglich beantwortet. Auf Schloss Burg wollte ich zu »unserer Frage« keine leeren Versprechungen machen. Das habe ich mir auch als Aufrichtigkeit vorgenommen. Ich weiß, dass eine Ehe, ein Zusammensein mit Dir das Schönste ist, was das Leben mir bescheren könnte.*

Im April verlangt der Ehemann von mir eine Entscheidung. Entweder »er« oder »ich«. Mein Brief dazu am 22. April: *Die Situation ist für mich schwierig derzeit. Ich muss mich jetzt entscheiden. Dass mich das sehr belastet, ist wohl verständlich. Wahrscheinlich – zumindest glaube ich das – ist es auch deshalb so schwer, weil Du so zurückhaltend reagierst. So weiß ich immer noch nicht, was ich am 9. Mai machen soll, denn damit schlage ich die Tür endgültig zu und kann auch allein (mit den Kindern) in Urlaub fahren. Andererseits will ich nicht glauben, dass Du nur mit mir spielst. Es steht zuviel auf dem Spiel. Ehrlichkeit, absolute Ehrlichkeit tut nun not. Was immer ich auch rede, ich könnte sehr schlecht allein leben und ich will es auch nicht. Ich bin immer viel allein gewesen, bin es immer noch. Derzeit jeden Abend. Aber ich möchte nicht ganz allein sein. Ich glaube auch nicht, dass man solche Entscheidungen allein treffen kann, irgendwie wäre das töricht und selbstzerstörerisch. Da muss der Partner schon helfen. Dies ist nun keine Drängelei, sondern ein Appell an den Menschen Manfred, an sein Ehrgefühl, seine Ehrlichkeit. Meine Entscheidung aufschieben bedeutet, dass wir uns kaum oder wenig sehen könnten in der nächsten Zeit. Auch das ist eine Möglichkeit.*

Manfred am 25. April:

Deine Zeilen haben mich innerlich aufgewühlt und starke psychische, doch im Augenblick überwiegend körperliche Sehnsucht in mir hervorgerufen. Ich liebe Dich Anna und ich möchte Dich »besitzen«. Wenn der 9. Mai unsere Entscheidung sein soll, dann bitte ich Dich innig, lass uns am 8. zusammen sein. Es ist so viel Verbindendes zwischen uns, dass ich weiß, dass wir Schwierigkeiten meistern werden. Wenn ich früher an Deiner mangelnden Solidarität zu mir zweifelte und mich diese Erfahrungen dann immer hoffnungslos stimmten, so hat sich dieses Empfinden bei mir in letzter Zeit gewandelt. Ich glaube an Dich, und daran, dass Du mir auch in Gefahr oder Not zur Seite stehen wirst. Als »Entschädigung« für solche Zeiten erlebt man eben Augenblicke des höchsten Glückes.

Anna am 28. April 1975:

Wochenenden sind derzeit grauenhaft. So viel Zeit zum Nachdenken. Den herrlichen Sonntag gestern habe ich mit Heulen verbracht. Heute kamen Deine beiden Briefe. Sie, die Briefe wären besser am Samstag gekommen. Das hätte mir sehr geholfen. Meine derzeitige Ehe wird wohl nie mehr bringen als ein Nebeneinander und nie ein Miteinander. Fanny und ich sind wohl auch zu verschieden. Im emotionalen Bereich sprechen wir ganz verschiedene Sprachen. Er sagt mir jetzt, ich hätte ihm Schlimmes angetan in den letzten drei Jahren. Das ist schon richtig. Nur kann ich nicht glauben, dass jemand das drei Jahre so wohlgelaunt aushält, wenn es ihm wirklich unter die Haut geht. Es bleiben die Kinder. Aber die werden es bestimmt verkraften und wir werden es ihnen so leicht wie möglich machen. Es ist bestimmt sehr schwer für den Fünfjährigen, seinen Vater zu verlieren und für einen 14-Jährigen mitten in der Pubertät seine Mutter. Gedanken daran tun mir weh. Aber wir hätten wohl früher die Konsequenzen sehen müssen und die Gefühle füreinander nicht so wachsen lassen dürfen.

Briefe gehen hin und her. Seine sind eher verhalten. Ich will das nicht sehen. Ich werde am 29. Oktober 1975 geschieden. Im Anschluss an die Scheidung gehe ich mit dem Ehemaligen einen Kaffee trinken. Ich habe das Anerkennungsjahr noch nicht überstanden, deshalb zahlt der Ehemann mir bis zu dieser Zeit ein »Übergangsgeld«. Eine Wohnung wird auch besorgt. Auf Haus nebst Inventar verzichte ich und bekomme dafür vom Ehemann 50.000 DM. Für das Geld kaufe ich mir eine neue Einrichtung. Der Sohn wählt Möbel in schwarzem Stoff. Ich bin nicht gerade begeistert, aber ich lasse ihn gewähren. Die Eltern besorgen den Transport der wenigen persönlichen Gegenstände. Ich habe eine Zusatzausbildung an der Akademie für Jugendfragen begonnen, die sich »Methodisches Arbeiten mit Einzelnen und Gruppen« nennt und gruppendynamisch ausgerichtet ist. Bei der Arbeit mit den Erzieherinnen merke ich bald, dass mir das nötige Handwerkszeug fehlt. Als ich nach 14 Tagen wieder nach Neumünster komme, finde ich eine fertig eingerichtete Wohnung vor. Für die nächsten Jahre werde ich dort mit meinem Sohn Bernd wohnen. Die Ausbildung stellt hohe Ansprüche an die immer noch gehemmte und mit schlechtem Selbstwertgefühl ausgestattete Anna. Da haben auch das Studium und die Aussicht auf eine gut bezahlte Anstellung nichts geändert. Sie wird von der Trainerin mit dem Spruch: »Die Königin hat ihr Festgewand angelegt«, bedacht. Ich trage einen weißen Rodier-Anzug. Der Trainer nennt mich Gustav-Adolfs-Page. Damit liegt er wohl richtig. Aber er mag sie und kümmert sich ein wenig. Manfred scheint wenig Gedanken daran zu verschwenden, sich nun auch scheiden zu lassen. Im Gegenteil. Er ist inzwischen nach Rendsburg versetzt und lässt seine Familie nachkommen. Damit ist alles gesagt. Ich beginne »hinter ihm herzulaufen, zu klagen und zu bitten«.

Am 30. Oktober frage ich in einem Brief: *Wie sehr bin ich eigentlich abhängig von Dir. Ich fürchte, ziemlich.*

Für den Rest des Jahres findet sich kein Brief von Manfred mehr. Es gab wohl viele Telefonate und auch besprochene Bänder.

Ich schreibe am 1. Dezember: *Es gibt Zeiten im Leben, da braucht man all seine Kraft, um nach außen ruhig und gelassen zu wirken. In der letzten Zeit gibt es in meinem Leben viele solcher Tage.*

Weihnachten und Silvester wollen die beiden gemeinsam verbringen. Den Heiligabend werde ich mit den Kindern, dem Geschiedenen und meinen Eltern verbringen. Manfred in seiner Familie. Am 2. Weihnachtstag will er dann nach Neumünster kommen. Die beiden werden ein paar Tage nach Sylt fahren. Die Kinder übernimmt Fanny.

Das Jahr 1976

Ein Schreckensjahr

Nur noch ein kleiner Stapel von Briefen liegt vor mir.

Im Jahr 1976 bin ich mit meiner gruppendynamischen Zusatzausbildung beschäftigt. Am 19. 1. 1976 schreibe ich:

Der heutige Tag war sehr anstrengend, aber auch sehr interessant. Ich fange an, mich auf meine Supervisoren-Ausbildung (die nach dieser Ausbildung folgen soll) zu freuen. Hoffentlich befähigt sie mich dazu, ähnlich mit einer Gruppe umzugehen und zu lernen. Plötzlich werden Mechanismen verbaler und nonverbaler Kommunikation fast spielerisch sichtbar und mir wurde klar, wo ich Schwächen und Stärken habe. Nonverbale Kommunikation hieß eine Übung und man musste sich mit einem Partner »wortlos unterhalten«. Sichtbar wurde, wie sehr man sich hinter Worten verstecken kann und dass zuviel Reden eine Schwäche sein kann, meine Schwäche zum Beispiel.

Am 1. März 1976: *Es war schlimm, dieses Karnevalswochenende. Meine Kinder beide bei mir. Nicolas, der sich so sehr rational darum bemüht mit der Situation fertig zu werden. Dem Tränen in den Augen stehen, wenn er sagt, dass er so gerne allen Kindern eine Scheidung der Eltern ersparen möchte. Er bemüht sich immer wieder, sich mit seinem Vater zu solidarisieren, weil er weiß, dass ich seinem Vater letztlich Unrecht getan, ihm weh getan habe. Bernd möchte eigentlich nichts anderes als bei dem schönen Wetter in Rahm zu spielen, bei seinen Freunden sein. Aber er liebt seine Mutter und möchte ihr nicht weh tun. Unsere Beziehung ist jetzt da angelangt, dass Du mir nicht einmal mehr meine eigene Meinung lässt. Willst Du mich wirklich ganz klein am Boden sehen? Ich brauche Dich so nötig. Bitte zerstöre nicht alles. Die Opfer, die ich gebracht habe, sind zu groß.*

Am 17. Mai 1976 schreibe ich:

Wie gut, dass es als Ausgleich zu meinem derzeitigen Privatleben ein Berufsleben gibt. Ich wüsste nicht, wie ich mein Leben sonst derzeit bewältigen sollte. Ein elender Kreislauf, in dem ich mich befinde. Momentan nehme ich die Rolle des ständig Unterlegenen, Bittenden, Zankenden, Weinenden, Klagenden ein. Eine Rolle, die mir nie gelegen hat, die mir aber nach dem, was ich in den letzten fünf Jahren gelebt habe schwerfallen muss. Nun ja, jeder muss wieder ins »normale Leben« zu-

rück und auch ich schaffe das schon. Nur nach Scheidung und ständigem Hinausschieben Deiner Entscheidung findest Du nicht, dass Du mich ein bisschen sehr belastest. Eine ständig klagende, schimpfende und fordernde Frau gibt sicher zu Fluchtgedanken Anlass. Ich weiß das sehr wohl und es belastet mich zusätzlich so sehr, dass es meine Ausbrüche geradezu forciert.

Das Jahr nimmt seinen Lauf. Beide üben ihren Beruf aus. Er studiert nebenbei Pädagogik. Ich besorge ihm eine Praktikumsstelle: Eine Kinderferienfreizeit des Diakonischen Werkes Duisburg. Ich werde Leiterin der Freizeit und Anleiterin des »Praktikanten« sein. Meine und deine Kinder kommen mit und werden sich so erstmals begegnen. Ich bekomme nun eine erste Vorstellung davon, was das bedeuten kann. Das Haus, in das wir fahren, liegt in Elten am Niederrhein. Es reisen an: Annas beste Freundin, eine Goldschmiedin mit Erfahrung in Freizeiten und ihr Sohn, elf Jahre. Der Geliebte mit seinen beiden Söhnen elf und sieben Jahre alt, Anna mit ihrem Jüngsten, elf Jahre und eine siebzehnjährige zukünftige Kindergärtnerin. Dreißig Kinder zwischen sieben und vierzehn Jahren werden zu beschäftigen, zu beruhigen, zu trösten und zu bändigen sein. Sie sollen sich erholen. Die Frontenbildung passiert unverzüglich. Bernd und der Sohn der Freundin auf der einen, die beiden Söhne des Geliebten auf der anderen Seite. Der (Liebha-

ber) Praktikant stellt eine Hausordnung auf und bestimmt, dass jedes Kind das Sportabzeichen zu machen habe. Regelmäßige Trainings inbegriffen. Der leitenden Sozialpädagogin ist das fremd. Der Praktikant setzt sich durch. So hat das Team damit zu tun, vierunddreißig Kinder von morgens sieben bis nachts dreiundzwanzig Uhr zu beschäftigen, zu bewachen, zu betreuen und nach dreiundzwanzig Uhr die Team- und Beziehungsprobleme zu bewältigen. Meine – Deine Kinder führen auf einem Nebenschauplatz ihre eigenen Gemetzel. Die Kinder des Praktikanten sind die Musterknaben, die sich an die Hausordnung halten, allen anderen zum Vorbild. Als der siebenjährige Sohn des Praktikanten die Hausordnung »Während der Mittagspause dürfen die Zimmer nicht verlassen werden«, in seiner Not so auslegt, dass er in hohem Bogen aus dem Fenster des ersten Stocks auf die Terrasse des Hausmeisters pinkelt, sind Freude und Häme groß. Gebrochene Finger, Kinder, die ausreißen, Bettnässer, Heimwehkranke, Verweigerer gehören auch dazu. Den Höhepunkt bilden zwei zwölfjährige »Go-Go-Girls«, die als kleine Sexbomben verkleidet, ständig ihren Auftritt suchen. Eine ganz normale Kinderfreizeit?
Der obligatorische morgendliche Waldlauf, die Soldatenstimme des Praktikanten, die Verbandelungen des Teams und das Sportfest mit Sportabzeichenabnahme im Stadion von Elten, erregen jedenfalls nicht nur bei den Kindern besonderes Aufsehen. Den Höhepunkt bildet das Abschiedsfest, bei dem die Go-

Go-Girls ihren großen Auftritt haben und die Sportabzeichen überreicht werden. Zum Fest reisen an, Annas Geschiedener mit ältestem Sohn und ein Freund des Praktikanten mit Gitarre. Der Freund wirbt um die Siebzehnjährige, die der Praktikant die »unschuldige Beate« nennt. Das wiederum veranlasst diese, die Antibaby-Pille vorzuzeigen. Die Freundin und Anna sind eifersüchtig. Warum dreht sich alles um eine Siebzehnjährige? Die Männer solidarisieren sich irgendwann um Mitternacht und brechen die Bar des Hausmeisters auf. Mein Ruf bei der Diakonie, mit der ich beruflich zusammenarbeiten muss, ist nach dieser Freizeit berühmt und berüchtigt. Ich aber, ich habe immer noch nicht genug Spektakel. Meine Liebe ist ungebrochen und heftig. Nach dieser Freizeit muss der Praktikumsbericht geschrieben werden. Selbstverständlich übernehme ich das. Ich werde wieder meinem Ruf als »Gustav-Adolfs-Page« gerecht. Ich schreibe: Dein Praktikumsbericht wird für mich schon fast zur Halbtagsbeschäftigung. Heute habe ich den Plan »Sommerfest« und die Kulturgeldabrechnung geschrieben und fehlende Kopien gemacht. Wenn ich abends dafür wenigstens ein Küsschen bekäme.

Am 11. Dezember kaufen die beiden sich Ringe in Weißgold. Ich bekomme zwei, einen mit kleinen Brillantsplittern. Was Manfred wohl mit seinem Ring gemacht hat? Seine Familie ist inzwischen auch nach Rendsburg gezogen und er tanzt nach wie vor »auf zwei Hochzeiten«. Den letzten Weihnachtstag und Silvester feiern die beiden gemeinsam auf Amrum. Das läuft folgendermaßen ab: Auch ich will auf zwei Hochzeiten tanzen. Die Trennung von Fanny ist zwar vollzogen, aber trennen will ich mich nicht. Fanny wird mir zum Freund. Jedenfalls rede ich mir das ein, und versuche es auch zu leben. Erstaunlicherweise schaffe ich es, dass alle Beteiligten mitspielen. Im Sinne der 68er-Bewegung fühlen wir uns wohl auch »sehr zeitgemäß und modern«. Heute ist mir das kaum noch vorstellbar. Anna hat also den Exmann zu einem gemeinsamen Urlaub überredet. Loslassen fällt nicht nur Manfred, sondern auch mir schwer, und es tut weh. Die Tragikkomödie findet in Nebel auf Amrum statt. Ein Reetdachhaus mit zwei Wohnungen, die Nordsee mit Kniepsand, die Kirche und der Friedhof von Nebel spielen mit. Das Wetter ist nasskalt. Handelnde Personen sind der Exmann mit linker Gesinnung, der Geliebte mit rechter Gesinnung, die Freundin des Exmannes mit Tochter, Anna und die beiden Söhne. Die Hauptrollen übernehmen die beiden Männer. Ihre Wortwechsel bilden die Zündschnüre für unentwegte Explosionen. Die Freundin verpasst ihre Auftritte. Sie ist mit Schminken und An- und Umziehen vollauf beschäftigt. Die jugendlichen Kinder spielen mit, indem sie Konfetti statt Sand ins Getriebe werfen. Das wenigstens erzeugt Lacher. Ich möchte Regie führen. Es bleibt beim »möchte«. Das gemeinsame Schiff rudert führerlos dahin. Silvestermorgen soll nach dem Frühstück eine Inselumrundung stattfinden. Die Beteiligten

brechen diese gegen vierzehn Uhr ab. Es wird zunehmend neb-
lig. Einzig der Geliebte will es wissen. Er geht allein. Der Nebel wird dicht. Die Flut kommt. Seinem Ertrinken steht nur
sein Wille zu Überleben entgegen. Um 22 Uhr ist er wieder da.
Der Tag endet auf dem Friedhof zwischen den Grabsteinen:
»Sie starb in ihrem Blute wie eine Rose am Rosenstocke.« Aus
der Kirche dringt leise und verzerrt das Silvesterkonzert, das
die Beteiligten besuchen wollten. Die Auseinandersetzungen
sind lautstark und verzweifelt. Sie werden um 24 Uhr nur über-
tönt von den Glocken, die das neue Jahr einläuten. Prost Neu-
jahr! Auf ein gutes Neues Jahr.

Das Jahr 1977

Manfred am Sonntag, 9. Januar, 21 Uhr: ... *Für mein Verhalten
in der Silvesternacht auf Amrum fange ich erst jetzt in diesen
Tagen an, mich zu schämen. Komme bitte am Dienstag. Bemühe Dich, mir zu verzeihen.*

Anna am 23. Januar 1977:

*Ich bin immer noch sehr unruhig. Meine Gefühle, was unsere
Situation anlangt, sind ambivalent. Da ist einmal das Gefühl,
Härte begegnet zu sein, wie ich sie bisher nicht kannte und die
mir für die Zukunft Angst macht. Zum anderen das Gefühl,
dass diese Art von Härte nicht nötig war, dass man dem anderen, wenn man ihn liebt, wenigstens die Hand oder einen
Strohhalm reichen muss.*

In den letzten Monaten hatten Manfred und Anna einen festen Termin für den Umzug von Anna nach Schleswig-Holstein festgelegt. Sie hatte eine Zusage für eine Stelle in Heide erhalten. Nach Abschluss ihrer Supervisoren-Ausbildung soll sie dann dort als Supervisorin arbeiten. Bald haben sie auch ein passendes Haus gefunden.
Ich schreibe am 23. Januar:
Ich habe ausgerechnet, es sind noch acht Wochenenden, bis ich nach Heide/Rendsburg ziehe ...

Sie versucht einige Male, Manfred anzurufen. Erreicht ihn aber nicht. Sie schreibt dann am nächsten Morgen: Ich habe immer noch Angst. Am gleichen Tag sagt Manfred dann in einem Brief die gemeinsame Zukunft ab. Ich muss alles rückgängig machen, was ich schon eingeleitet hatte. Er schreibt, er habe Angst vor sexueller Ausartung. Ich bin entsetzt. Was nur meint er mit »sexueller Ausartung«? Wir haben zwar oft, aber sehr liebevoll, einfühlsam und zärtlich miteinander geschlafen. Es gab keinerlei »Ausartung«. Heute weiß ich, dass ihm das eine wohlfeile Entschuldigung für sein unentschuldbares Verhalten war. Aber er treibt das Spiel bald weiter.

Manfred am 15. Februar: *Nachdem ich Dich am Sonntagabend angerufen hatte, war ich durch die Straßen gegangen. Später als ich in der Wohnung angekommen war, erfuhr ich von Ursu-*

la, dass Du mit ihr gesprochen hattest. Ich habe Dich nach diesem Gespräch nicht angerufen und Dich allein gelassen. Im Augenblick habe ich das Gefühl, dass ich in unendlicher Ferne schreibe und Dich nicht erreiche. Du hast das Gefühl gehabt, ich hätte Deine Hand losgelassen und ich weiß nicht, wann ich Dich sehen kann.

In dieser Nacht steigert sich Anna in eine derartige Verzweiflung, dass sie eine halbe Flasche Cocnac trinkt und zwei Dosen Schlaftabletten darin auflöst. Ihr 11-jähriger Sohn findet sie am nächsten Morgen in einer Lache von Erbrochenem, ruft seine Großeltern an die einen Krankenwagen rufen und sie in ein Krankenhaus bringen lassen. Ich überlebte. Als mein Sohn mich am Krankenbett besucht, sage ich: »Ich wäre so gerne gestorben!« Wie herzlos und unbedacht! Viel später wird dieser Satz im letzten Gespräch mit dem Sohn eine zentrale Rolle spielen.

Am Freitag, 17. Februar schreibt Anna aus dem Krankenhaus an Manfred:

Mir geht es ziemlich schlecht heute. Hoffentlich darf ich morgen wieder nach Hause. Durch meinen Anruf bei Dir habe ich mich wieder in die Situation begeben, in der ich nun schon zu lange bin. Warten, hoffen und Hoffnungslosigkeit. Zuletzt hat das zur völligen Selbstaufgabe geführt. Ich wollte nicht mehr leben. Ich fühle mich immer noch nicht lebensfähig. Du hast mich das ganze letzte Jahr gegen eine Gummiwand laufen lassen, hast nachgegeben, wenn ich aufprallte. An der Wand hast Du nichts geändert. Der Krankenhauspsychologe und alle, alle, die um mich herum sind machen mir klar, dass Du Dich nie ändern wirst und ich nur überleben kann, wenn ich jeden Kontakt zu Dir aufgebe und langsam anfange, Dich zu vergessen. Dass das Maß der Abhängigkeit krankhaft ist, wenn man soviel mit sich machen lässt. Wenn ich die Reaktion meiner Eltern und Kinder betrachte, weiß ich, dass ich weiterleben muss. Aber der Traum vom Zusammenleben mit Dir spukt immer noch in meinem Kopf herum. Nur Du kannst ihn erfüllen oder beseitigen. Ich muss sie nun von Dir fordern, die klare Entscheidung. Entweder sofortiger Besuch bei einem Anwalt und Einreichung der Scheidung. Verzicht auf die Kinder bis zur endgültigen Regelung. Verschiebung meines Anstellungstermins in Heide. Suche nach einem gemeinsamen Heim. Oder: Wenn Du spürst, dass Du das nicht kannst, die endgültige Trennung. Ich will einfach nicht glauben, dass Du aus Schwäche und Egoismus dieses Spiel mit mir weiterspielen willst. Dieser Alptraum muss aufhören. Ich werde zu Ute ins Haus ziehen, einige Wochen in eine Klinik gehen und wieder gesund werden und langsam wieder zu mir finden. Ich hoffe immer noch, aber ich weiß, dass ich besser nicht hoffen sollte.

Samstag, 9 Uhr: *Nach unserem gestrigen Telefonat schwanke ich zwischen Wut und Verzweiflung. Bist Du wirklich so unfähig, die Realitäten zu sehen. Was bedeutet ein zurückgeschickter Ring in dieser Situation? Siehst Du wirklich nicht, in welchem Maße Du mich ruiniert hast, zum Selbstmord getrieben? Ich habe die Kündigung seit Tagen in der Tasche getragen und am Abend vor der endgültigen Abgabe stellst Du sie infrage. Weißt Du nicht, was es für den Stolz eines Menschen bedeutet, überall zugeben zu müssen, die große Liebe habe er sich nur eingeredet? In Heide, Hamburg, Duisburg, Münster überall muss ich diesen Offenbarungseid jetzt leisten. Und Du willst dieses Spiel immer noch weitertreiben. Wohin Manfred? Ich weiß nicht, wie ich weiterleben soll, aber ich werde weiterleben. Nur Manfred, mit einem Menschen, der unfähig ist, zu erkennen, wie hoch das Ausmaß der Verzweiflung des anderen sein muss, kann ich nicht leben. Du stellst doch immer nur Dich selbst in den Mittelpunkt. Ich fange an, Dich zu hassen. Vielleicht ist das ein neuer Anfang. Ich wünsche Dir in Deinem Leben nur ein einziges Wochenende, wie Du es mir bereitet hast. Ein Funke Hoffnung, dass Du trotzdem immer noch der Mann sein könntest, den ich so sehr geliebt habe, bleibt. Nimm mir nicht ganz den Glauben an Dich. Triff jetzt Deine Entscheidung.*

Nach einer Woche geht Anna wieder arbeiten. Sie ist der Meinung, dass ihr das hilft. In einem langen Brief vom 22. Februar wiederholt er die Worte aus seinem Abschiedsbrief:
Andererseits hatte ich eine unbeschreibbare Angst. Ich glaubte, wir würden im Zusammenleben erotisch entarten und damit würden wir dann in einen tiefen Abgrund gerissen.

Das ist der Satz, der mich in den Selbstmord getrieben hat. »Erotisch entarten«. Ich hatte immer gedacht, so sähe erfüllte körperliche Liebe aus. Wenn ich heute diese Zeilen lese, bin ich entsetzt über mich selbst. Immer noch will ich an ihn glauben, immer noch habe ich die Hoffnung nicht aufgegeben. Dieses Maß an Abhängigkeit, wo kommt es her? Wirken immer noch die Zuschreibungen ihrer Kindheit: Hure, Hexe, hässlich? Ich habe inzwischen so viel geschafft, so viel an mir gearbeitet. Ich tue es immer noch. Wird kein Erfolg, keine Bestätigung, keine Entwicklung mir helfen können, dieses Trauma zu überwinden?
Das Jahr 1977 wird bis in den November hinein so weiter gehen. Nach einer Pause von zwei Monaten, in denen er lange Briefe schreibt, und dann plötzlich in seinem Auto vor meiner Haustür steht und wartet, fange ich wieder an, mir Hoffnungen zu machen. Ich bin wieder bereit »Zukunftspläne« zu machen. Er pendelt zwischen seiner Frau und mir hin und her. An den Wochenenden nimmt er häufig die weiten Fahrten von Rends-

burg nach Duisburg auf sich. Als die Entscheidung praktisch ein zweites Mal vor der Tür steht, macht er mit einem Eilbrief wieder alles rückgängig. Darauf schreibt sie einen letzten Brief, der mit dem Satz endet:

Ich bin kein Spielball Deiner Entscheidungslosigkeit. Bitte rufe mich nicht mehr an, bevor Du nicht wirklich weißt, was Du willst.

Plötzlich geht alles ganz schnell. Die Ehefrau nimmt ihre Kinder, bestellt den Umzugswagen und zieht zurück nach Hannover. Sie reicht die Scheidung ein. Ich bin allzu schnell wieder bereit, mich wieder auf Manfred einzulassen. Zwar hat Heide die Stelle für mich offengehalten, aber ich finde in der ZEIT eine Stellenanzeige der Nordelbischen Kirche, die eine Leiterin für eine Familien-Bildungsstätte sucht. Auch die Stadt Kiel braucht eine Leiterin für eine große Kindertageseinrichtung. Ich habe nun drei Stellen zur Auswahl. Kiel und Heide stellen mir nach Abschluss meiner Ausbildung zur Supervisorin eine solche Tätigkeit in Aussicht. Ich entscheide mich für die Familien-Bildungsstätte. Es soll sich herausstellen, dass das die richtige Entscheidung war.

Manfred und ich suchen und finden ein Haus in einem kleinen Dorf bei Neumünster. Bernd wird nach Beendigung seines Schuljahres nachkommen. Im Laufe des Februars 1979 ziehen wir um und ich beginne meine Tätigkeit in der Familien-Bildungstätte zum 1. April 1978. Manfred nimmt die tägliche

Fahrt nach Rendsburg in Kauf. Auch ich muss fahren. Bernd bleibt noch einige Wochen bei Vater und Bruder und kommt zum neuen Schuljahresbeginn nach Hardebek. Eine neue Schule, keine Freunde, den neuen Mann der Mutter mag er nicht. Er ist in der Pubertät, der neue Mann ist Rivale und mehr als das. Bernd hat das Elend der Mutter hautnah miterlebt. Keine guten Voraussetzungen. Aber er braucht und liebt seine Mutter. Die Schwierigkeiten sind vorprogrammiert und sie werden kommen.

Das Jahr 1978

Die neue Familie

Manfred und ich mieten das Haus zum 1. März. Am 1. April trete ich meine neue Stelle an. »Wirst Du das denn überhaupt können«, fragt Manfred. »Familienbildung, das hast Du doch noch nie gemacht.« Ich bin empört. Natürlich werde ich das schaffen. An meinem ersten Arbeitstag werde ich sehr freundlich empfangen. Alle haben sich auf mich gefreut. Jedenfalls empfinde ich das so. Ich hatte bei der Vorstellung einen guten Eindruck hinterlassen. Nach zwei Wochen des Kennenlernens der Einrichtung, die ich nun leiten soll, schickt man mich erst einmal für drei Wochen nach Göttingen. Dort soll ich Familien-Bildungsarbeit kennenlernen. Ich wohne bei einem alten Professoren-Ehepaar und genieße die Stadt, die Einrichtung und die beiden alten Menschen.

195

An Manfred schicke ich am 14. April ein Telegramm:

Zimmern wir weiter! Deine Anna.

Ich bin glücklich. Ich habe den Mann, den ich unbedingt wollte, bekommen. Ich genieße die Zeit mit ihm. Briefe gibt es jetzt keine mehr. Nach einigen Wochen kommt Bernd dazu. Er hat es nicht leicht. Eine Mitarbeiterin erzählt mir, dass sie ihn am Vormittag im Park gesehen hat. Er ist nicht in die Schule gegangen. Ich mache einen Termin bei der Klassenlehrerin. Diese speist mich mit dem Satz ab, dass sie vor der Zeugniskonferenz nicht mit mir reden könne. Ich bin empört. Das Zeugnis von Bernd ist eine Katastrophe. In allen Hauptfächern ein »Mangelhaft«. Bernd und ich beschließen, dass er die Klasse wiederholen wird. Es zeigt sich, dass dies die richtige Entscheidung ist. Das Abitur schafft er ohne weiteren Verzug mit guten Abschlussnoten.

Zum Heiligabend schreibe ich folgenden Brief an Manfred:

Trotz manch' lautem Geschrei, war es ein sehr schönes Jahr für mich. Ich möchte Dir dafür dank sagen.

Ich habe eine Arbeit gefunden, die mich voll ausfüllt. Der situationsorientierte Ansatz des Landes Nordrhein-Westfalen für Kindertagesstätten erweist sich auch für Familienbildung als sehr geeignet. Ich finde das Programm der Einrichtung, die ich nun leiten soll, schlicht »bescheiden«. Das muss ganz anders werden, denke ich und so handele ich auch. Es gibt eine Sekretärin, eine hauptamtliche Hauswirtschaftsleiterin, eine halbe Stelle für eine Amtsmeisterin und eine Frau, die für die Sauberkeit im Haus zuständig ist. Dazu ungefähr 30 Honorarmitarbeiterinnen. Um ein vernünftiges Programm auf die Beine zu stellen, müssen das mehr werden. Mehr Geld muss auch her. Ich begebe mich zum Arbeitsamt und werbe einen Grundausbildungs-Lehrgang für arbeitslose Mädchen an. Bei einem Besuch in der Duisburger Familien-Bildungsstätte habe ich das kennengelernt. Das bedeutet nicht nur zusätzliche Gelder und mehr hauptamtliche Mitarbeiterinnen, sondern vor allem einen viel größeren Spielraum. Tische schleppen und in Räumen die notwendigen Bedingungen für den jeweiligen Kurs herstellen muss ich nun nur noch selten. Dass ich mir damit Ärger, vor allem mit der Amtsmeisterin aufhalse, ist auszuhalten. Ich mag die Frau, in ihrer herben Art. Ich starte ein Projekt, das ich »Miteinander leben in unserer Stadt« nenne. Ich spreche damit Familien mit Kindern von drei bis 13 Jahren an. Ich gewinne Mitarbeiterinnen, die die Stadt gut kennen und Exkursionen mit Stadtplan mit Kindern und Eltern machen. Mit den Kleinen wird eine Stadt aus Lehm gebaut. Ich gewinne einen Stadtrat, der mit den Kindern einen Spielplatz plant. Dieser Spielplatz wird später auch entstehen. Die Aktion endet mit einem großen Familienfest. Ein kaltes Buffet wird hergestellt, dass sich »Kreadieschen« nennt. Die Presse wird eingeladen. Die Kinder stellen ihre Arbeit vor. Es kommen auch Ratsherren und Ratsfrauen, die Kinder dürfen diese interviewen. Sie werden ins Rathaus eingeladen. Die ganze Aktion macht viel Presse und landet sogar in der »WELT«. Die Landesregierung wird aufmerksam. Wir werden auf die NORLA eingeladen und dann ins Landeshaus. Die Aktion nennt sich nun »Miteinander leben in unserem Land¡. Der Ministerpräsident begrüßt die Kinder, sie dürfen im Plenarsaal sitzen und an seinem Schreibtisch Platz nehmen. Mit einem Schlag ist Anna im Land bekannt. Später wird sie dann in die Kommission für Frauenfragen der Landesregierung berufen. Die Emanzipationswelle erreicht damit auch sie. Die Familien-Bildungsstätte wird ein Ort emanzipatorischer Frauenbildung. Selbstsicherheitstrainings für Frauen, Frauengesprächskreise am Vormittag und Abend. Knoten beim Sich Emanzipieren lösen, Rhetorik-Kurse für Frauen, Rhetorik-Wochenenden für Frauen, die Familie der Frauen ist nicht die Familie der Männer, eine Ausstellung zur Frauensituation im Landeshaus in Kiel im Jahr 1984 gehören zum Programm. Eine Sprechstunde für benachteiligte Frauen richte ich mit der Gewerkschaftsvorsitzenden ein. Diese wird kein Erfolg. Dafür entwickelt sich der Stammtisch für Frauen zum Knüller. Heide Simonis, Eva Rühmkorff, Waltraud Schoppe, Gisela Böhrk, Ute Erdsiek-Rave füllen den großen Saal. Anna fragt auch Alice Schwarzer an. Die sagt mit einem freundlichen Brief ab. In den nächsten Jahren ist und bleibt sie für mich ein Vorbild, vor allem mit ihrem Mut und ihrem Kampfgeist. Anke

Martiny reist aus Berlin an. »Wer nicht kämpft, hat schon verloren«, heißt ihr Buch, das gerade erschienen ist. »Wer nicht
kämpft hat schon verloren«, wird mein Schlachtruf für die
nächsten Jahre. Männliche Berufsbezeichnungen für Frauen
korrigiere ich unverzüglich und gnadenlos. Kolleginnen!

Ich lege mich mit ranghohen Kirchenmännern an. Bei Empfängen werde die Frauenquote nicht eingehalten, schreibe ich in
einem Brief an den Leiter der Diakonie Nordelbiens. Ich werde
nicht mehr eingeladen. Bei Empfängen und Sitzungen ist mein
Lieblingsthema die Gleichberechtigung der Frau. Ich wunderte
mich, dass Männer von mir abrücken. Mein Chef erträgt mich.
Ich habe in mir und mit mir viel zurechtzurücken. Die Hausfrauenjahre mit Fanny als nettes Anhängsel und die Demüti-
gungen, die ich mit Manfred durchgemacht habe, fordern nun
Wiedergutmachung. Mein ohnehin schon durch das Elternhaus
geprägtes schlechtes Selbstwertgefühl baut sich nur langsam
auf. Wie brüchig ist es immer noch? Wie wird es mir bei weiteren Belastungen ergehen? Ich werde Vorsitzende der Landesar-
beitsgemeinschaft Nordelbischer Familien-Bildungsstätten und
auf Bundesebene im Planungsbeirat sitzen. Die Zuschüsse für
Familien-Bildungsstätten werden von der Landesregierung erhöht und eine gerechte Verteilung der Gelder wird durchgesetzt. Ich habe Kolleginnen gewonnen, die von Anfang an mit-
ziehen, andere wünschen mir die Pest an den Hals. Ich kröne
meine Arbeit mit einer Familiendemonstration. Der Propst, die

Familien- und Frauenministerin und der Sozialdezernent halten Reden. Über 20 Jahre mache ich erfolgreiche Familien-Bildungsarbeit und verlasse eine große, in Stadt und Land bekannte Einrichtung. Ich habe für mich genau das Richtige gefunden. Erfolg und Anerkennung waren schon immer das Benzin, dass mich antrieb. Zwischendurch habe ich meine Supervisoren-Ausbildung abgeschlossen und bekomme Handwerkszeug für den Umgang mit den Mitarbeiterinnen und Mitarbeitern. Am meisten aber profitiere ich für mich selbst. Ich muss mich stellen. Ich muss erkennen, wo ich Schwächen und Stärken habe. Ich bin eine der schwächeren Kandidaten. »Dies ist der Felsen, in dem mein Selbstwertgefühl gefangen ist«, schreibe und zeichne ich in ein Abschiedsbuch für die Leiterin der Ausbildung. »Vielleicht werde ich den Felsen eines Tages sprengen, wenn ich es will«, schreibe ich weiter.

Diese Ausbildung habe ich gegen den Willen von Manfred durchgesetzt. Er ist von Anfang an dagegen, so wie er auch gegen die erste Zusatzausbildung war. Er ist eifersüchtig, glaubt, dass dort vor allem Liebschaften wichtig seien, und fürchtet, dass ich mich verändere. Damit hat er recht. Ich verändere mich. Ich kann nun Paroli bieten. Meine Abwesenheiten wird er bald für sich selbst nutzen. »Was ich selber denk´ und tu, trau ich auch dem anderen zu.« Manfred und Bernd müssen in dieser Zeit allein zu Hause wirtschaften. Habe ich Bernd je danach gefragt, wie es ihm ging? Ich erinnere mich nicht.

Am 28, Juni 1982 schreibe ich folgenden Brief:

Es ist 6.10 Uhr hier. In mir sieht es ziemlich wirr aus. Die Bilanz, die ich über unsere Beziehung ziehen muss, sieht nicht gut aus. Es gibt viele Dinge, die nicht stimmen mit uns. Es tut weh, mir das so bewusst machen zu müssen. Ich habe mich in den letzten Tagen oft fragen müssen, was ich nun machen werde, tun muss. Ich habe vieles erwogen und wieder verworfen. Du hast in den letzten Tagen oft gesagt, dass Du mich liebst, wie viel ich Dir bedeute. Ich will Dir das auch glauben, d. h. ich möchte es gerne glauben. Mit einem anderen leben heißt, den anderen versuchen, zu verstehen. Es ist schwer zu verstehen, dass Du immer wieder andere Frauen brauchst. Mein Magen dreht sich um bei dem Gedanken, wo Du wohl am letzten Wochenende Unterschlupf gesucht hast. Ich schaffe dieses »sich schnell wieder absichern« nicht. Ich kann nicht flüchten, Zuflucht nehmen, ich muss wohl standhalten. Wichtig ist für mich jetzt, mich für Frauen zu engagieren, zu versuchen, Frauen zu verstehen, um auch mich besser zu verstehen. Mein Beruf und mein Mann sind die Fixpunkte meines Lebens.

Irgendwann bekomme ich vom Leiter der Ausbildung einen Brief, der das Fass zum überlaufen bringt. Er schreibt, dass er mich mag. Er mag mein Temperament, meine Traurigkeiten, meine Wärme und Distanz. Er mag mein Aussehen, meine Art, mich zu kleiden und mich zu bewegen. Er findet, dass ich lache, wie ein Seehund rückwärts. Ein wunderbarer Brief, der mir gut tut, und den ich niemals erwartet hätte. Manfred fängt den Brief ab. Er läuft Sturm. Er schreibt einen Brief an den Direktor der Akademie. Mir ist das Ganze unendlich peinlich. Die Ausbildungsstätte wertet die Ereignisse als Prozess, der zur Ausbildung gehöre. Ein schmerzhafter Lernprozess.

1981 haben Manfred und ich geheiratet. Eine kleine, bescheidene Hochzeit. Wir werden kirchlich getraut. Vor allem meine Eltern waren darüber sehr glücklich. Damals war es noch eine großzügige Geste, dass einer Frau, die in »wilder Ehe« lebte, die Leitung einer Familien-Bildungsstätte anvertraut wurde. Geheiratet habe ich einen Mann, der nicht treu sein konnte und auch nicht treu ist. Eine Affäre folgt der nächsten. Das hätte ich eigentlich ahnen müssen. Aber ich wollte blind sein. Die Hormone spielten verrückt und die Angst vor dem »Alleinebleiben« tat ihr Übriges. Im Jahr 1983 passiert dann folgendes: Ich sitze in meinem Büro. Es klopft. Frau A. tritt ein. »Ich bekomme ein Kind von ihrem Mann.« Frau A. schießt den Satz ohne einen Gruß in den Raum. Nach einer Schrecksekunde bitte ich Frau A. sich zu setzen. Die beiden Frauen kennen sich flüchtig. Manfred und ich waren zu einem Abendempfang bei den A.´s eingeladen. Man ist sich im Ruderclub begegnet. Ich bin bekanntlich gerade in meiner emanzipationsschwangeren Phase, frauenbewegt. Ich schlage Frau A. vor, sich unverzüglich in den heimischen Garten zu begeben. Der Wagen von Frau A.

wird in der Garage abgestellt. Die beiden wollen den alsbald heimkehrenden Gatten erwarten. Frau A. wird sozusagen der Überraschungsgast sein. Herr A. bekleidet übrigens eine leitende Position in einem Chemiekonzern. Die Frau ist, wie ich es in meiner ersten Ehe war, in einer sehr privilegierten Situation als »Gattin« und Mutter. Mein »Gatte« erscheint, erstarrt, geht auf mich zu, küsst mich herzlich und wendet sich dann Frau A. zu und begrüßt diese freundlich. Es genügen einige wenige Sätze. Er weiß nun, was er schon ahnte, dass ich auch weiß. Es gibt nicht mehr viel zu sagen. Frau A. wird das Kind abtreiben. Später wird die Ehe geschieden. Ich hoffe nur, dass Frau A. einen vernünftigen Ehevertrag geschlossen hatte und nun nicht mittellos dasteht. Die große Liebe bröckelt Stück für Stück ab. Standhalten oder flüchten? Der Ehemann entfaltet seinen Charme und nutzt seine Potenz. Im Bett wird wieder vieles ausgebügelt. Standhalten und arbeiten. Neben einigen kleineren »Affären« hat Manfred noch einmal eine »Liebschaft«, Liebe oder wie immer Anna es nennen soll mit einer Frau, die dann das Kind, dass er mit ihr gezeugt hat will und auch bekommt. Außerdem will sie auch Manfred. Eines abends ein Anruf. Manfred und ich haben gerade Gäste, eine Frauenstimme: »Wissen sie eigentlich, dass ihr Mann hier bei mir in Berlin sein sollte, ich warte auf ihn.« »Einen Augenblick«, sage ich und gebe das Telefon weiter. Manfred verlässt das Zimmer. Irgendwann wird seine Stimme laut. Peinlich, denke ich und halte die Gespräche mit den Gästen im Fluss. Als der Abend mit den Gästen durchgestanden ist, stellt sie den Gatten zur Rede. Immer sind es die Frauen, die hinter ihm her gewesen sind, ihn träfe da keine Schuld. Ich schweige. Ich fahre erst einmal für eine Woche in eine Schönheitsfarm. »Du brauchst jetzt Bedenkzeit und ich auch«, sagt ich. Als ich wieder daheim bin, kniet er abends vor meinem Bett, bittet um Verzeihung. »Diesmal ist es das letzte Mal!« Ich glaube ihm kein Wort. Ich habe ein Angebot für eine neue Beziehung.

Zum zweiten Mal geschieden werden? Ich empfinde das als Makel. Wieder halte ich stand. Das Kind wird geboren. Er lässt einen Vaterschaftstest machen, verdächtigt die Frau, noch mit anderen Männern geschlafen zu haben. Ich lache. Das Kind jedenfalls ist von ihm. Nun zahlt er neben dem Unterhalt für die erste Frau noch über 20 Jahre Alimente für sein drittes Kind. Er wird dann in eine Stadt in Süddeutschland versetzt. Natürlich ziehe ich nicht mit. Mit 48 Jahren scheidet er aus der Bundeswehr aus. Der Offiziersstau bietet bei Ausscheiden einen »goldenen Handschuh« an. Sein Studium zum Diplom-Pädagogen hat er vor einiger Zeit mit »Sehr gut« abgeschlossen, so findet er schnell sehr gut bezahlte, umfangreiche Tätigkeiten in China, Usbekistan und Polen. Hinzu kommen noch viele kleinere Aufträge. Geld ist also genug da. Das Geld, das er zahlt, tut nicht weh. Aber meine große Liebe ist erloschen. Ich führe ein angenehmes Leben. Der »Gatte« ist viel abwesend. Ich habe einen mich ausfüllenden Beruf, ein schönes Haus, gute Beziehungen zu den Kindern. Mit Manfreds Frau habe ich mich inzwischen angefreundet, seine Kinder mag ich sehr gerne. Wofür und warum soll ich das eintauschen? Eine nächste Beziehung wird andere Schwierigkeiten mit sich bringen.

Mit gut 60 Jahren gehe ich in den »Ruhestand«. Die ersten Wochen sind noch ausgefüllt mit Dingen, die ich schon lange einmal tun wollte: Fotos ordnen, Kleider aussortieren, Briefe schreiben, einen Computer-Kurs bei der Volkshochschule belegen und vielen anderen Kleinigkeiten. Aber nach einigen Wochen sind all die Dinge getan. Ich erinnere mich, dass ich durch die Stadt ging und dachte: »Wer und was bin ich nun eigentlich noch?« Menschen, mit denen ich bisher gut zusammen-gearbeitet habe, legen eine gewisse Scheu und Zurückhaltung an den Tag. Der Ehemann ist unterwegs. Ich beschließe, mir eine Mütterkur auf eigene Kosten zu schenken. Ich fahre nach Oberstdorf. Dieser Entschluss erweist sich als Glücksfall. Dort lerne ich eine Beamtin des Bundesministeriums für Familie kennen. Wir freunden uns an. Die Frau ist zuständig für die Mütterkurheime in Deutschland. Sie bietet mir an, in diesen Heimen Urlaubsvertretungen zu machen. Ich greife zu. So bin ich in den nächsten Jahren wochenlang unterwegs in Deutschland. Die Mütterkurheim-Landschaft reicht von Obersdorf, über Baden-Baden, Bad Reichenhall, Bad Überkingen bis nach Juist. Eine wunderbare Tätigkeit. Die Familien-Bildungsstätten wurden und werden überwiegend besucht von schwangeren Frauen und von Frauen mit Kindern im Alter von drei Monaten bis zu drei Jahren. Diese Frauen hatten und haben wohl auch noch damit einen Ort, in dem sie die Schwierigkeiten, die zwangsläufig in jeder Ehe und mit kleinen Kindern auftauchen, unter Anleitung mit anderen Müttern Erfahrungen auszutauschen, Freundschaften zu schließen und Problemlösungen für sich zu finden. In den Mütterkuren dagegen findet Anna viele schwerst belastete Frauen vor. Mütter mit zwei bis fünf Kindern, mit kranken Eltern, die gepflegt werden müssen, Mütter mit schwerbehinderten Kindern, alleinerziehende Mütter, psychische kranke Frauen. Frauen, die nichts fortwerfen können, sog. Messies suchen dort für 3-4 Wochen eine kurze Ruhepause. Leider gibt es diese Häuser kaum noch. Mit den großem Kurheimen, die Ärzte und einen Psychologen angestellt haben, können die kleinen Häuser nicht Schritt halten. Die Krankenkassen aber fordern die Anstellung von mindestens einer Ärztin und einer Psychologin. Die Träger beginnen ihre Gelder zu kürzen. Auch die beiden großen Kirchen haben zunehmend weniger Geld durch Kirchenaustritte. So schließen sie diese für sie teuren Häuser gern und schnell. Sie sind der Meinung, dass das »Eigentliche«, meint Predigten am Sonntag, Verkündigung und alles, was sonst ein Pastor leistet, kommt in den Häusern, obwohl sie sich bemühen, ihrer Meinung nach, sowieso zu kurz. Es geht diesen Häusern ähnlich wie den Familien-Bildungsstätten damals. Hoch lebe die Familie in Deutschland! Die Einrichtungen, die Mütter rechtzeitig erreichen, nämlich, wenn die Kinder noch sehr klein sind, haben wenig Anerkennung und werden deshalb gekürzt oder geschlossen. Ich will jetzt keinen entwicklungspsychologischen Exkurs abhalten. Aber die Wut im Bauch über diese Politik hält immer noch an. Eine auch heute noch berechtigte Wut. Anna ist Supervisorin. Für diese Tätigkeit richtet sie einen Raum in ihrem Haus ein. Sie bekommt die Anerkennung zur Lehrsupervision. Sie ist beschäftigt und bekommt viel Anerkennung. Anerkennung ist immer noch das Benzin, dass ihren inneren Motor antreibt und ihr Selbstwertgefühl stabil hält. Mit 75 Jahren beschließt sie, dass es nun genug sei und übernimmt Ehrenämter.

Die Kinder

Vier Kinder sind von den Scheidungen betroffen. Drei neue Familienkonstellationen entstehen. Nicolas mit seinem Vater. Der Vater wird noch zweimal heiraten und ein paar Jahre später mit seiner dritten Frau zwei Kinder bekommen. Die erste Frau von Manfred – sie heißt Marlies – lebt mit ihren beiden Kindern als alleinerziehende Mutter in einer Stadt in Niedersachsen. Sie wird nicht wieder heiraten. Sie erweist sich als großzügig. Die Kinder verbringen ihren Urlaub oft beim Vater und seiner neuen Familie. Auch sonst gewährt sie den Jungen den Kontakt zum Vater, den die beiden gerne möchten. Anna lernt Marlies sehr schätzen und es wird sich im Laufe der Jahre, bedingt durch gemeinsame Familienfeiern, so etwas wie eine Freundschaft zwischen den beiden Frauen entwickeln. Schwestern im Leiden um denselben Mann. Manfred und Anna bilden mit Bernd eine Familie mit »Deinem Kind«. Wie geht es diesen Kindern in den neuen Familien-Konstellationen?

Ein kahlgeschorener Kopf wird das Markenzeichen von Nicolas nach Annas Auszug. Etwas später übernimmt er ein Nebenamt als Kassierer beim Spartakus. Seinen Schuldirektor beschimpft er als Nazi-Schwein. Anna wertet das als Anzeichen von Hochpubertät und schaut fort. Nicolas ist hochbegabt. Der Direktor ist ein kluger Mann, er wirft den 17-jährigen nicht von der Schule, sondern fordert, dass dieser sich vor der gesamten Schülerschaft in der Aula entschuldigt. Nicolas macht ein Einser-Abitur und wird anschließend Medizin studieren. Er wird sehr viel allein sein. Sein Vater wird die Entscheidung des Sohnes, bei ihm zu bleiben, nicht würdigen. Er wird, wie bisher auch, in Sachen Politik unterwegs sein. Zum Studium trägt der Vater finanziell nur wenig bei. Der Sohn wird sich durch die gesamte Studienzeit sein Geld überwiegend selbst verdienen müssen. Da Manfred hohe Unterhaltszahlungen an Frau und Kinder leisten muss, kann ich finanziell auch nicht viel tun. Erst in den letzten beiden Semestern zahle ich dem Sohn einen kleinen Betrag. Bin ich ihm emotional eine Stütze? Kaum. Er ist immer herzlich eingeladen und verbringt seine Ferien oft bei seiner Mutter. Nach Abschluss des Medizin-Studiums macht er seinen Wehrdienst bei der Bundeswehr und wird als Stabsarzt in der Nähe von ihrem Wohnort arbeiten. Danach nimmt er ein zweites Studium der Zahnmedizin auf. Dieses wird er allein finanzieren und erfolgreich absolvieren. Er verdient sich mittlerweile als Model und Texter für die Pharma-Industrie sein Geld. Er gründet bald mit einem Grafiker eine eigene kleine Firma in einer Wohnung. Die Firma wird größer und größer, bald werden Räume in der Kölner Innenstadt angemietet. Bernd beendet sein Studium der Betriebswirtschaft erfolgreich. Nicolas bietet ihm eine Stelle in seiner Firma an. Bernd greift zu. Er wird Finanzchef des Betriebes und wird für den Betrieb den Börsengang riskieren. Erfolgreich wie sich zeigt. Aber er ist in der neuen Konstellation wieder der Dritte, der Letzte.

Ich bin nun für den Mann und für den Sohn Prellbock, Schlichterin und Klagemauer. Oft sehe ich mich auch als Verbündete von Bernd. Später verneint dieser, dass ich oft seine Verbündete war. Viel später schreibt mir eine Freundin, die selbstständige Psychologin ist, zu dem Buch, das ich inzwischen geschrieben habe, folgendes:

Beim Lesen Deines Buches dachte ich, es ist eine Geschichte, die in ähnlicher Weise für die Atmosphäre so vieler Nachkriegsfamilien steht. Die Geschlechterrollen, die die Frauen ins Nichts fallen, die Paarbeziehungen sich aushöhlen lassen, an denen sich alles mit großer Macht orientiert. Die ganze Gesellschaft litt letztlich darunter, für die anstehenden Aufgaben wie materiellen Wiederaufbau und seelischer Neustrukturierung keine passenden Rollen-Angebote zur Verfügung stellen zu können. Und ich denke, dass in sehr vielen Familien das schwächste – oder auch: Das sensibelste Mitglied, die Last der Leere für alle tragen und zu verarbeiten hatte. Dabei muss ich an ein Kinderspiel denken, dass eine unterschwellige Dynamik in fast allen Gruppen und Familien aufnimmt: Der Plumpsack geht um … Was von der Gruppe bisher nicht bewältigt werden kann (im Symbol der Plumpsack) wird weitergeschoben. Hinter dem Rücken unbewusst dem nächsten weitergereicht. Und derjenige, der das nicht genügend mitbekommt, der den bisher nicht zu lösende/n ´Plumpsack` nicht ebenfalls zum nächsten schieben kann; oder nicht will, der ´fliegt raus´. Und wenn er sehr kränkbar ist, dann geht er weg. Dann vergisst er, dass nach dem einen Spiel ein neues kommt mit neuen Regeln, neuen Gewinnern und neuen Verlierern. Und dass es schade ist, die Feier verfrüht zu verlassen.

Bernd - Die unvorstellbare Katastrophe

Es ist der 10. Mai 2009.

Die Sonne steht strahlend am Himmel.

Muttertag.

Muttertag, Bernd hat sich nicht gemeldet. Bisher ist das noch nicht passiert. Anna ist beunruhigt. Sie weiß, dass es ihm nicht gut geht. Am nächsten Morgen gegen 8 Uhr ruft Anna an. Seine Frau meldet sich. »Mir geht es schlecht«, sagt sie. Bernd ist seit gestern Abend verschwunden. Anrufe gehen hin und her. Bernds Auto wird auf der Straße vor der Firma entdeckt. Sein Handy findet seine Frau im Haus. Auf seinem Schreibtisch im Büro wird ein Brief entdeckt. Sein Bruder öffnet ihn:
Ihr findet mich im Medienkeller, ich habe mich erhängt. Lasst mich von anderen bergen.

Kreidebleich fordert Nicolas einen Mitarbeiter auf, ihn zu begleiten. Danach ruft Nicolas mich an. »Setz dich hin, Mutter.« Seine Stimme klingt gedrückt, merkwürdig blechern. Ich setze mich auf den Schreibtischstuhl. Bernd hat sich aufgehängt.
Ich kann nicht aufhören zu schreien. Ich zittere. Manfred kommt angelaufen. Wir haben eine sehr nette Frau, die seit 20 Jahren das Haus putzt. Diese stellt den Staubsauger ab. Es wird still im Haus. Nur noch mein Schreien. Manfred nimmt mich in den Arm, hält mich fest. Ich schreie weiter. Dann sage ich den furchtbaren Satz. Bernd hat sich aufgehängt. Er ist tot. Manfred

nimmt alles weitere in die Hand. Wir nehmen den nächsten Zug, um nach Köln zu fahren. Über die Bahnfahrt weiß ich nichts mehr. Ich weiß nichts mehr über die Ankunft und wie es dann weiterging. Ich befinde mich in einem Schockzustand. Am Abend trifft sich die Familie im Haus von Bernd und seiner Frau. Für Fanny und mich liegt ein weißer, neutraler Umschlag auf dem Tisch. Nur unsere Vornamen stehen darauf. Ich öffne den Umschlag. Es scheint ein Abschiedsbrief von Bernd zu sein. Ich beginne sofort zu lesen. Die Zeilen verschwimmen vor den Augen. Tränen steigen auf. Ich lasse sie laufen. Ich verstehe wenig von dem, was da steht. Wut schlägt ihr entgegen. Abrechnung mit der Familie. Nur seine Frau und sein Kind nimmt er aus.

Für mich heißt es: *Unsere Beziehung war eigentlich gut, aber Liebe und Wärme haben in unserer Familie stets gefehlt. Du wirst am ehesten herausfinden, warum ich so geworden bin, wie ich bin.*

Ich bin bestürzt, fassungslos, aufgelöst. »Liebe und Wärme haben gefehlt. Was meint er damit? »Du wirst am ehesten herausfinden, warum ich so geworden bin.«

Er war klug, liebenswert, kommunikationsfähig, eine Säule für die Mitarbeiter und Mitarbeiterinnen der Firma. Er war erfolgreich, tüchtig und sensibel. Ein liebenswerter Mann, ein guter Sohn. Aber noch sind die Sätze nicht wirklich lebendig. Sie landen in meinem Kopf und bleiben dort bleischwer liegen. Die

Familie sammelt sich in einem Raum, in dem es nur eine große Couch gibt. Die Couch füllt den Raum. Das Licht ist gedämpft. Da sitzt sie, die Familie. Im Nebenraum liegt der kleine Sohn und schläft ruhig. Ein gedrücktes, aber sehr offenes Miteinander entwickelt sich. Der Abschiedsbrief von Bernd steht im Mittelpunkt der Gespräche. Nicolas versöhnt sich mit seinem Vater. Er reicht ihm die Hand. Das Verhältnis der beiden gestaltete sich schwierig nach der Trennung und meinem Auszug. Der Vater wurde auch nicht zur Hochzeit eingeladen. Petra, die Ehefrau von Bernd, erzählt von den vielen Versuchen, die Bernd unternommen hat, um Hilfe zu finden für seine körperlichen Beschwerden, Tinnitus und Rückenschmerzen. Sogar eine Wunderheilerin hat er aufgesucht, erzählt sie. Aber ich weiß, dass das zu Bernd gehörte. Er probierte gerne vieles aus. An einem Tag, an dem es ihm besonders schlecht ging, hat sie ihn sogar in eine Tagesklinik gebracht. Dass es so schlimm war, habe ich nicht gewusst.

Es ist Montag, der 11. Mai 2009.

Die Beerdigung wird erst Ende der Woche sein. Ich möchte so gerne bei Schwiegertochter und Enkel bleiben. Ein wenig Nähe noch zu meinem Sohn haben.

Es war geplant, dass Manfred wieder nach Hause fährt und ich bleibe. Die Trauerkleidung habe ich schon mitgebracht. Doch die kurze Phase der Nähe ist wieder vorbei. Plötzlich sind wir wieder zwei Familien, die nur durch die Heirat der Kinder zusammen gekommen sind. Jede Familie ist nun wieder im eigenen Schmerz abgetaucht. Ich soll nicht bleiben. Das Haus ist voll. Die Mutter der Ehefrau und ihr Freund werden bleiben. Ich bin traurig und verletzt. Manfred und ich übernachten im Hotel und fahren am nächsten Morgen wieder nach Hause.

»Du wirst am ehesten herausfinden, warum ich so geworden bin ...«, Worte eingemeißelt in meinem Kopf. Langsam gewinnen sie an Leben. Sind sie der Grundstein, dass ich mich so schuldig fühle? Ich war so sicher, dass Bernd und ich ein gutes Verhältnis hatten. Noch bis kurz vor seinem Tod hatten wir gute, vertrauensvolle Gespräche. Wir zeigten unsere Zuneigung durch Umarmungen. Nur über das Ausmaß seiner Depressionen ließ er mich im Unklaren. Ich glaubte immer, dass ich eine gute Mutter war. Alles ein Irrtum? Mit dieser Frage werde ich mich in den kommenden Jahren schmerzhaft auseinandersetzen müssen. In meinem bisherigen Leben war viel »Vergessen« angesagt. Das schlechte Gedächtnis half dabei. Oft habe ich der Flucht aus Ostpreußen, den frühen Kindheitserlebnissen die Schuld gegeben. Vielleicht habe ich auch einfach nur ein schlechtes Gedächtnis. Wie auch immer es ist. Ich vergesse vieles, kann mich einfach nicht mehr erinnern. Nebel breitet sich dann in mir aus. Verdrängen, Vergessen? Jetzt ist das unmöglich. Es hat Anzeichen gegeben, dass Bernd nicht gesund war. Warum habe ich sie nicht gesehen, sehen wollen? Bernd ist 18 Jahre alt. Zu Weihnachten schenkt er seinem Vater und mir ein Fotobuch. Immer verdecktes Gesicht, gebeugter Rücken, allein, die Hände tief in den Taschen vergraben. Ein Berg von schwarzen Steinen im Flur seiner Berliner Wohnung. Das Bild, das mein Sohn von sich selber hatte? Die Last, die er trug? In den Tagen bis zur Beerdigung wachsen mir Trauer und Schuldgefühle über den Kopf. Lähmen mich. Ich traue mir selbst nicht mehr.

»Schuldgefühle sind Abwehr. Mit dem Aufbau von Schuldgefühlen versuchen wir, Auseinandersetzungen zu vermeiden.« Ein Satz aus meiner Ausbildung. Aber Bernd ist tot. Unerreichbar für jedes Gespräch. Bleibt nur die Auseinandersetzung mit mir selbst. Die Tage zur Beerdigung vergehen sehr langsam. Ich laufe wie in Trance durch das Haus. Gnädiges Vergessen gibt es nicht. Einen Tag vor der Beerdigung reisen wir wieder an. Die Beerdigung hat Nicolas organisiert. Manfred und ich übernachten wieder im Hotel. Ich will und muss meinen Sohn noch einmal sehen. Nicolas warnt. »Willst Du dir das wirklich antun?« Ich bin ganz bestimmt. Ich bestehe darauf. Ich will. So arrangiert Nicolas einen Besuch in der Leichenhalle. Nicolas, Manfred und ich machen sich auf den Weg. Da liegt Bernd. Aufgebahrt. Gekleidet in einen seiner schlichten Anzüge, ein hoher Kragen. Um den Hals zu verdecken, denke ich. Er sieht fast unverändert aus. Er scheint zu schlafen. Warum? Warum? Ich frage das viele Male. Ich streichele und küsse ihn vorsichtig. Er ist so kalt. Nicolas zündet ein kleines Teelicht an. Wir beten gemeinsam. Eine stille Stunde, die wir ein letztes Mal gemeinsam verbringen. Bernd, Nicolas, Manfred und Anna.

Nicolas schenkt mir das kleine Teelicht. Es wird fast zwei Jahre auf meinem Schreibtisch stehen. Nie wieder wird es so sein, wie es war. Danach, so höre ich, entschließen sich auch Petra und ihre Mutter zu einen Besuch. Wir sind nicht eine Familie, wir sind zwei Familien.

Die Beerdigung

Stoppt jede Uhr, lasst ab vom Telefon
lasst die Flieger kreisend – Trauer sei Gebot -
an den Himmel schreiben. Er ist tot
nie wieder wird es sein, so wie es war
(H.W. Auden)

Der Sohn ist aus der Kirche ausgetreten. Niemand will, kann eine Rede halten. »Zu schwer, das kann ich nicht.« Ein professioneller Redner darf und soll es nicht sein. So übernehmen Nicolas und ich das Gedenken an den Sohn und Bruder. Ich bereite mich im Hotelzimmer vor. Ich bin immer noch wie gelähmt. Reden habe ich oft gehalten. Ich werde auch diese Rede halten. Ich werde es können. Ich werde es für Bernd tun. Vor der Trauerkapelle stehen Menschen in Trauben. Nicht so viele. Die Familie geht dann auch bald in einen Raum, der den Angehörigen vorbehalten ist. Irgendwann wird uns bedeutet, dass wir uns nun in die Trauerkapelle begeben sollen. Der Raum scheint wenig besetzt. Zwei Reihen mit Menschen sitzen sich gegenüber. Ich bin erleichtert. Die letzte Stunde mit Bernd mit einem Hauch von Intimität. Plötzlich öffnen sich zwei Tore. Menschen strömen herein. Besetzen die Plätze. Eine große Menge sammelt sich vor den Toren, stehend. Nur Mut, Anna. Es ist das letzte, dass du für deinen Sohn tun kannst.

Ein Musikstück - welches? - und ich bin an der Reihe. Ich würdige das Leben meines Sohnes. Es bleiben die Fragen nach eigener Schuld nach Versagen, nach Lieblosigkeit, Nichtgenauhinschauen. Es bleiben frohe, glückliche, schmerzliche Erinnerungen. Und zu viele Fragen. Ich beginne das Vaterunser zu beten. Die Trauergemeinde stimmt ein. Nicolas haut mit der Faust auf den Sarg und sagt nur ein paar Worte. Dann noch ein kleines Musikstück. Nicolas, Freunde und Mitarbeiter heben den Sarg an und tragen ihn zum Grab. Die Schlange der Kondolierenden am Grab ist unendlich, ein Ende nicht abzusehen. Die Minuten, Stunden müssen überstanden werden. »Ihr Sohn war sehr stolz auf sie, heute habe ich die Bestätigung dafür gefunden, warum«, sagt der Anwalt des Sohnes herzlich.

Wieder dieses Wort: STOLZ.

Der Kommentar von Nicolas zu meiner Trauerrede. »Das Gefühl hat aber gefehlt.« Die Worte landen wie eine Axt auf meinem Kopf. Spalten ihn entzwei. Die Abschiedsworte des Sohnes: Liebe und Wärme haben in unserer Familie stets gefehlt, da sind sie wieder. Später entschuldigt sich der Sohn. Die Worte sind nicht mehr zurückzunehmen. Nach der Beerdigung ist in einen größeren Saal geladen. Es gibt Häppchen und Getränke. Nur Tische, keine Stühle. Kleine Gruppen stehen beieinander und reden über das Unfassbare. Viele gute Freunde von Bernd sind aus ganz Deutschland gekommen. Einer seiner Freunde verteilt ein Bild. Auf dem Bild steht mein Sohn allein in einer Wüstenlandschaft. Das Foto ist wohl aufgenommen auf einer Reise, die die Freunde anlässlich Bernds 40. Geburtstag miteinander gemacht haben. Einsam, einsam, einsam, ist der Kommentar des Freundes zu dem Bild. Nur dieses eine Wort. Einsam, was meint er damit? Bernd hatte doch seine Familie, seine Frau, ein kleines Kind. Aber dies ist keine Situation, in der ich nachfragen könnte. Ich halte es nicht mehr aus. Ich nehme Manfred an die Hand und wir verlassen den Raum. Was haben wir dann gemacht? Ich weiß es nicht mehr.

Vor der Heimreise am nächsten Tag will ich mich von Petra und dem kleinen Sohn verabschieden. Ich darf gegen 12 Uhr kommen. Die Schwiegermutter empfängt mich. Für mich ist sie eine Fremde. Sie haben sich bisher nur dreimal gesehen. Persönliche Begegnungen waren das nicht. Sie waren eher gesellschaftlich. Ein Freund von Bernd, derjenige der das Bild verteilt hat, geistert durch den Raum. Er wirkt auf mich wie ein Gespenst. Er durfte wohl hier übernachten. Über dem Raum scheint eine Wolke zu hängen, tränenschwer, geladen mit Gefühlen wie Angst, Ratlosigkeit und Verzweiflung. So entwickelt sich zwischen den beiden sich fremden Frauen nur schwer ein Gespräch. Einer der ersten Sätze fällt wie ein Pflasterstein auf mich: »Die Gründe liegen wohl in seiner Kindheit.« Ich antworte: »Wer ohne Schuld ist, werfe den ersten Stein.« Die Situation ist nun nicht mehr zu retten. Die Schwiegermutter verteidigt sich und ihre Tochter vehement.

»Wie oft haben wir Bernd in den letzten Wochen in den Arm
genommen,« sagt sie. In mir steigt eine große Verzweiflung
hoch, sie treibt mir die Röte ins Gesicht. Wie das Gespräch
weiter ging, daran erinnere ich mich nicht. Der Fortgang ist gelöscht. Irgendwann ruft die Schwiegermutter empört ihre Tochter. Du wirst doch nicht mit deiner Mutter zusammenziehen,
sage ich noch sehr unüberlegt und unpassend.

Allein, ratlos und verzweifelt verlasse ich fluchtartig das Haus.
Draußen wartet Manfred. Er durfte nicht mitkommen. Ich habe
nicht gewagt zu fragen, warum. Zerschlagenes Porzellan liegt
auf dem gesamten Weg, den Manfred und ich bis zur Straßen-
bahnhaltestelle zurücklegen. Es wird mich bis heute begleiten.
Aber es tut nicht mehr so weh. Es gibt Wochen später noch
eine Begegnung zwischen Petra, dem kleinen Enkel und mir.
Petra ist inzwischen umgezogen. Ich wünscht mir so sehr eine
herzliche Begegnung. In die neue Wohnung darf ich nicht
kommen. Die Schwiegermutter möchte das nicht. Petra schlägt
ein Treffen im Essraum eines Möbelhauses vor. Manfred und
ich sind zeitig da. Das Geschäft ist geschlossen. Es ist Sonntag.
Wir beide finden eine Kneipe, die schon geöffnet hat, es ist
Vormittag. Wir gehen dann wieder auf die Straße, um Petra
und den kleinen Enkel nicht zu verpassen. Irgendwann kommen sie. Es nieselt leicht. Ungemütliches Wetter. Petra flüstert
mir zu, dass Manfred bitte gehen möchte. Manfred ist gekränkt.
Geht. Wartet draußen. Die Kneipe ist dunkel und leer. Das

Kind ist sehr unruhig. Es dreht und wendet sich in seinem kleinen Wagen. Das Gespräch zwischen uns schleppt sich dahin. Ich begleite Petra noch zu ihrem Auto. Ich schlage vor, dass ich mich monatlich einmal melde. Petra ist damit einverstanden. Ich halte mein Versprechen nicht. Ich kann das nicht. Ich schicke zu Weihnachten und zum Geburtstag für das Enkelkind kleine Geschenke. Einmal, es ist das Weihnachtsfest direkt nach Bernds Tod, bekomme ich eine neutrale Karte und ein paar Bilder vom Enkel. Ab dann ist Funkstille. Auf keine Mail, keinen Brief, kein Geschenk bekomme ich eine Antwort. Auch mein einziges Enkelkind habe ich wohl verloren. Alle Beteiligten stießen an ihre Grenzen. Es waberten zu viele Gefühle von Schuld, Traurigkeit, Wut und Verzweiflung durch die Räume und machten ein normales Gespräch, eine herzliche Begegnung unmöglich. Für eine so extreme Situation gibt es keine Anleitung. Ich suche und finde Hilfe. Freundlich, liebevoll, auch besänftigend, kleiner machend, tröstend, parteilich. Es tut gut. Aber die Fragen und Schuldgefühle bleiben. Der „Nebel" beginnt mich wieder einzuhüllen. Meine mir allzu bekannte Strategie zum Überleben. Gedanken machen sich breit: Ich werde Bernd anrufen. Ich werde ihm begegnen. Er wird sich melden. Ich habe nur geträumt. Er wird mir plötzlich gegenüberstehen. Gleich werde ich aufwachen und alles wird gut sein. Menschen, Freundinnen, Nachbarn, Bekannte kommen und schreiben. Ich spiele meine Rolle: Trauernde Mutter. Weniges hilft.

Nur der Nebel. Die Spreu trennt sich vom Weizen. Echtes und Unechtes werden sichtbar. Manchen Menschen geht es um Sensationen. Andere haben nicht gelernt, mit einer so entsetzlichen Situation umzugehen. Ich spüre Unsicherheit. Damit kann ich umgehen. Es gibt keine Verhaltensregeln über den Umgang mit Trauernden. Die Trauerfälle sind sehr verschieden, jeder trauernde Mensch reagiert anders. Nicht umgehen kann ich mit Fragen: Er war ja wohl sehr verschuldet? Gab es eine Ehekrise? War das Kind behindert? Hatte er seinen Job verloren? Kurz nach der Beerdigung sagt eine Dame nonchalant zu mir: »Na ja, nach dem ersten Selbstmord in der Familie folgt bald der nächste.« Sensationen müssen her. Ich fühle mich ausgefragt, belästigt, bedrängt. In dieser Zeit kaufe ich mir ein Bild von Marie Reese (gemalt 2005).

Ich schreibe ein Gedicht dazu:

Böse Zungen

Sie wispern, sie zischen, sie züngeln, sie spitzen,

sie kringeln, sie rollen und runden sich auf.

Sie knallen und schnalzen, sie lecken und schlecken,

sie tanzen im Maul.

Vor diesen, den Zungen, den Bösen vor allem,

will ich Dir berichten,

pass´ gut auf dich auf.

Die spitze, die Zunge, die sticht gerne zu.

Sie bohrt sich in Nerven, in Sehnen und Herzen,

in Hirne, Gedärme, verbirgt sich in Scherzen,

sie gibt keine Ruh.

Gespaltene Zunge, mal bitter, mal süß,

sie dreht sich und wendet, sie drängelt und blendet.

Und willst Du sie fassen, dann beißt sie schnell zu.

Es gibt sie, die besonders tröstenden Situationen. »Bernd, dein Bernd?«, fragt meine Freundin Susanne, als sie von dem Tod hört. Ihr Gesicht spiegelt Unglaube, Mitleiden, Traurigkeit, Entsetzen. Sie nimmt mich in die Arme und meine Tränen dürfen fließen. Sie kommt in der nächsten Zeit immer wieder. Für eine Stunde, manchmal auch mehr, kehrt Ruhe in mir ein. Wir sitzen auf der Terrasse und sie hört einfach zu. Wir schweigen miteinander. Keine neugierigen Fragen. Sie ist einfach nur da. Thorsten, der jüngere Sohn von Manfred schenkt mir einen ganzen Tag. Warmherzig und liebevoll sprechen wir über Bernd. Irgendwann erzählt er mir ein Kindheitserlebnis. Manfred und ich leiten die schon beschriebene Kinderferienzeit. »Meine und Deine Kinder« sind dabei. Thorsten schläft mit im Zimmer von Manfred und Anna. Er ist der Jüngste der Gruppe. Irgendwann habe ich mich an sein Bett gesetzt und versucht, ihm zu erklären, warum sein Vater nun bei mir, Anna lebt und ihm gesagt, dass sie alles ihnen Mögliche tun wollen, um die Situation für ihn, seinen Bruder und Bernd und Nicolas erträglich zu machen. Thorsten sagt, zu dieser Zeit hatte er keinen

Leidensdruck. Er fühlte sich bei seiner Mutter gut aufgehoben. Das Gespräch damals habe er immer im Gedächtnis behalten, weil ich ihn ernst nahm und er spürte, dass sie ihn liebhatte und er mir wichtig war. Wie tröstend für eine Mutter, der der eigene Sohn kurz vor seinem selbstgewählten Tod gesagt hat, dass Liebe und Wärme gefehlt hätten. Wie wunderbar einfühlsam von Thorsten.

Meine Angst um Nicolas, den Ältesten wird unerträglich. Nach einem Selbstmord folgt meist der zweite, Nicolas spürt das. Wir spielen täglich per online Scrabble miteinander. Der vielbeschäftigte Sohn nimmt sich Zeit, die er eigentlich nicht hat. Der tägliche Kontakt mildert meine Angst, er nimmt sie mir aber nicht. Wir skypen und führen lange Gespräche. Er zeigt mir den Fortschritt, den die Bauarbeiten auf dem »Gütchen« machen. Er hat einen größeren Bauernhof gekauft. »Für die Familie«, sagt er immer wieder. Für die Familie. So helfen wir uns wohl gegenseitig, die schwere Last zu tragen. Wo kann ich Bernd begegnen? Sein Grab ist in Köln. Das sind sechs Stunden mit dem Zug. Manfred und ich haben ein Grab auf dem Friedhof von Neumünster. Da liegen meine Mutter und meine Tante Hilde begraben. Die Namen vom Vater und der des Onkels sind eingraviert. Ein Grabstein ist das, aber auch ein Gedenkstein. Ich gehe zu einem Beerdigungsinstitut und suche für Bernd einen Gedenkstein aus. Er wird auf das Grab gelegt. Dort kann ich meine Tränen, meine Gedanken und Blumen lassen. Es hilft für eine kleine Weile. Der Schmerz, die Angst, die Fragen, die Schuldgefühle bleiben. Einige Zeit später zeigt Nicolas mir den Apfelbaum, den er für seinen Bruder auf dem Gütchen gepflanzt hat. Bernds Apfelbaum. In diesem Jahr, im Jahr 2016, hat der Baum erstmals Früchte getragen. Ich bin nicht fähig, sie abzupflücken. Der Sohn hatte auch davon abgeraten.

Warum? Warum? Die Frage bleibt beharrlich. Sie kommt daher, stetig, oft unerwartet. Sie kommt abends vor dem Einschlafen. Sie fordert eine durchwachte Nacht. Sie erscheint plötzlich bei einem Musikstück, das mich berührt. Sie kommt morgens nach dem Aufwachen und im Traum. In Gesprächen mit Manfred taucht sie auf. Warum? Ich weiß, dass es keine Antwort gibt. Bernd kann keine Antwort mehr geben. Er ist tot. Es gibt Antworten wie: Er war sehr krank. Die Botenstoffe im Gehirn hatten sich krankhaft verändert. Die Familiengene hatten vielleicht einen gewissen Einfluss. Mangelnde liebevolle Zuwendung der Eltern, Traumen durch Kindheits- und Jugenderlebnisse, Geschwisterrivalität, Scheidung können Ursachen sein. Viele Antworten. Keine hilft. Ich suche verzweifelt nach Entlastung. Wenn ich nicht in den Teufelskreis negativer Gedanken und unentwegter Schuldgefühle geraten will, muss ich einen anderen Weg finden. »Werde endlich aktiv!, Anna. Das war doch immer dein Weg!«

So beginne ich zu schreiben. Ich schreibe zunächst nicht per »Ich«. Ich gebe mir den Namen Gertraud. Dies ist mein zweiter Name. Er stammt von ihrer Vorfahrin aus dem Salzburger Land. Ich lese viel über Depressionen. Ich finde wenig Trost. Ich suche nach einem Text, der mich freispricht. Aber diesen Text gibt es nicht, auch das weiß ich. Ich finde persönliche Texte von Menschen, die eine Depression hatten oder haben. Sie warnen vor dem Gang zu einem Psychoanalytiker. In den letzten Wochen seines Lebens war Bernd zweimal in der Woche bei einem Psychoanalytiker. Beim letzten Spaziergang, den Mutter und Sohn mit dem kleinen Enkel um einen See machen, spricht Bernd genau davon. Er erzählt mir, dass er sie nach ihrem Selbstmordversuch im Krankenhaus besucht habe. Dort fiel der Satz von Anna: »Ich wäre so gerne gestorben.« »Habe ich das wirklich gesagt?«, frage ich. »Ja!« sagt er.

Der Satz war gedankenlos und gnadenlos. Ich schämte mich wohl, dass der Selbstmordversuch halbherzig war. An Bernd habe ich dabei nicht gedacht. Dieser Satz hätte ihm den Boden unter den Füßen weggezogen. Das alles wieder hervorholen zu müssen sei schmerzhaft und schrecklich. Er würde es lieber im Nebel der Vergangenheit lassen. Aber es sei wohl nötig, es hervorzuholen. Ich frage mich, ob er nicht eher Hilfen zur Bewältigung der Gegenwart gebraucht hätte. Trost finde ich keinen, weder in den eigenen Erinnerungen noch in den Texten, die ich lese. Die Schuldgefühle werden eher größer. Ich beginne mich zu fragen, wer ich bin, wer ich war als Kind, als Jugendliche, als Mutter, als Ehefrau. »Du wirst am ehesten wissen, warum ich so geworden bin?«, schreibt mein Sohn. Diese Frage muss ich mir erst einmal selbst stellen. Der Prozess der Selbsterforschung dauert viele Monate und ist sehr schmerzhaft. Viel weiter bringt er mich nicht. Dann treffe ich eine Journalistin, die ich aus den Jahren meiner Berufstätigkeit kenne und die ich als warmherzig und klug erlebt hatte. Ich schildere meine Situation und bitte um Hilfe beim Schreiben. Die Journalistin sagt zu. Wir treffen uns eineinhalb Jahre einmal wöchentlich für ca. 3-4 Stunden. Sie schlägt mir gleich zu Beginn vor, per »Ich« zu schreiben. Ich folge ihrem Vorschlag. Die gemeinsame Arbeit tut weh, aber das anschließende Schreiben wird leichter. Das Gedächtnis gibt bei dieser Arbeit Erinnerungen preis, die längt vergraben schienen und in den Tiefen des Gedächtnisses lagen: Die Familie ist im Urlaub. Bernd liegt zwischen den Eltern. Er muss fünf Jahre alt gewesen sein. Rechnen wird geübt. Die Zehn soll übersprungen werden. Wie viel ist 8 + 4? Die Eltern erklären. Bernd kann es nicht. Immer noch nicht. Fanny und Anna werden böse. Wie böse sind wir geworden? Das hat der Nebel verschluckt. Trotzdem ist diese Situation wohl bezeichnend. Es wird nicht getobt und herumgealbert. Es wird gerechnet. Meine Erfahrungen als Flüchtlingskind und Rothaarige, besonders tüchtig, besser als die anderen zu sein, gewinnen wieder die Oberhand. Bernd hatte einen ganz besonderen Körpergeruch. Er roch nach frischgemähtem Heu. Alle schnupperten und kuschelten gerne mit ihm. Kuscheleinheiten gab es wohl reichlich. Als er fünf Jahre alt ist, zieht die Familie nach Duisburg um. Einen Kindergartenplatz für Bernd gibt es nicht. In dieser Zeit sind Bernd und ich sehr viel beieinander. Nicolas besucht ein Ganztags-Gymnasium und kommt erst am Nachmittag nach Hause. Wie haben wir die Zeit genutzt? Da streikt das Gedächtnis. Nach einem halben Jahr kommt Bernd dann in die Schule. Er hat eine ältliche Lehrerin. Die mochte weder Mutter noch Kind. Jedenfalls trieb sie uns beide an den Rand der Verzweiflung. Jeden Nachmittag machten wir gemeinsam die Schularbeiten. Bernd bemühte sich nach besten Kräften. Da nahmen wir uns viel Zeit miteinander. Unter diesen mühsam erarbeiteten Aufgaben stand stets. »Das hast Du nicht fein gemacht.« Kein einziges Sternchen für den Sohn. Nach einem halben Jahr Quälerei melded ich ihn von der Schule ab. Im nächsten Vorort wohnt die Haushaltshilfe der Familie. In dieser Schule wird er angemeldet. Diese Lehrerin mag den Sohn und wohl auch die Mutter. Bernd kommt in eine schwierige Klasse. Fünf Kinder aus dem nahen Kinderheim gehören dazu. Ich nehme an einem Vormittag am Unterricht teil. Die Unterrichtsgestaltung der Lehrerin fordert mir allerhöchste Hochachtung ab. Keine ruhige Minute. Ein Kind stört immer. »Frau Beckmann, Frau Beckmann, da fliegt ein Vogel vorbei.« Frau Beckmann, Hans kneift mich andauernd usw., usw. Frau Beckmann meistert die Situationen mit Wertschätzung und Ruhe. Sie fährt mit dem Unterricht fort. Sie wechselt häufig die Themen, wenn sie merkt, dass die Aufmerksamkeit bei den meisten Kindern nachlässt. Bernd hat ab sofort keine Schwierigkeiten mehr in der Schule. Die Lehrerin teilt mir zweierlei mit. Bernd ist hochbegabt. Sie hat einen IQ von 130 ermittelt und er spielt zu oft mit seinem Glied. Die zweite Mitteilung kommt etwas verschämt. Auch mich beschäftigt sie. Sofort kommen die Erinnerungen aus meiner Kindheit hoch. »Davon wird man dumm.« Aber bald schon vergesse ich die Sache. Bernds Beziehung zum Bruder ist schwierig. Nicolas besucht das Mannesmann-Gymnasium in Duisburg. Ein Vorzeige-Gymnasium, das vor allem Arbeiterkinder aufnehmen soll. Nicolas hat hervorragende Lehrerinnen und Lehrer. Er entwickelt sich zu einem sehr guten Schüler und geht gerne in die Schule. »Deine Söhne schlagen sich noch eines Tages tot«, sagt mein Vater. Ich nehme das nicht ernst. Ich lache. Für mich ist das eine normale Rangelei zwischen Brüdern. Wie war es wohl für Bernd, den viel Jüngeren und Schwächeren? Darüber habe ich damals nicht nachgedacht.

Als Bernd 10 Jahre alt ist, trennen sich die Eltern. Bernd entscheidet sich, mit ihr zu ziehen. Er kennt den neuen Mann der Mutter schon. Er mag ihn nicht. Aber er kann nicht anders. Er braucht mich und ich brauche ihn. Wir ziehen in ein Hochhaus in der Innenstadt. Dort mache ich den Selbstmordversuch. Er findet mich an dem Morgen und ruft seine Großeltern an. Die sorgen für eine Einlieferung in das nächste Krankenhaus. Bernd besucht mich dort und ich sage den verhängnisvollen Satz: »Ich wäre so gerne gestorben.«

Bernd zieht dann mit mir in ein kleines Dorf in Schleswig-Holstein. Keine leichte Zeit. Für beide nicht. Das Dorf isoliert ihn. Die Schwierigkeiten mit Manfred bleiben. Dann zieht die neu gebildete Familie in ein schönes Haus in Neumünster. Bernd geht es bald besser. Die Ehrenrunde – Wiederholung einer Klasse – hat er gut überstanden. Er findet Freunde und hat nette Lehrer und Lehrerinnen. Ich bin der Meinung, dass er sehr wenig für die Schule tut. Seine selbstbewusste Antwort: »Mutter, ich trage den Unterricht.« Das verschlägt mir die Sprache.

Mit fast 18 Jahren zieht er aus. Er nimmt sich eine eigene Wohnung. Ich verdränge meine mulmigen Gefühle. Ich lasse ihn ziehen. Wir halten guten und regelmäßigen Kontakt. Er hat noch kein Abitur. Ich mache mir Sorgen. Wird er das trotzdem schaffen? Er schafft es eineinhalb Jahre später mit einem guten Notendurchschnitt. Ich bin sehr stolz auf ihn. Ich verkünde in dieser Zeit sehr gerne und oft, dass bei Kindern die ersten drei Jahre ihres Lebens ausschlaggebend seien. Dieser Ansicht bin ich zwar heute noch. Aber was für eine Mutter war ich in der Zeit, als meine Kinder in diesem Alter waren? In der Pubertät müsse man die Kinder loslassen. Die Beruhigungspillen verpasse ich mir selber.

Bernd macht seinen Zivildienst dann in Hamburg bei einer Kollegin in einem Altenheim. Danach geht er zum Studium nach Berlin. Auch dort findet er schnell eine Wohnung. Im Flur liegt ein Berg aus schwarzen Pflastersteinen. Ich bin verwundert, auch beunruhigt. Liegen da die Lasten, die ich ihm aufgeladen habe? Aber auch diese Frage verschwindet schnell wieder aus meinem Kopf. Er kommt doch gut klar.

Während der Studienzeit haben Bernd und ich weniger Kontakt. Hin und wieder kommt er Mutter und Manfred besuchen. Manchmal bringt er auch Freunde oder Freundinnen mit. Er ist ein gut situierter Student. Unterhalt vom Vater, Unterhalt von der Mutter. Beide großzügig. Außerdem, so erzählt er, jobbt er in einer Bar. Dort wird viel Kokain geschnupft. Die Trinkgelder fließen reichlich. Ist er selbst gefährdet? Wohl kaum. In der vorgeschriebenen Zeit macht er sein Diplom an der FU Berlin. Note 1,7. Er erzählt, dass es eine 1 geworden wäre, wenn sein Professor nicht plötzlich krank geworden wäre. Diplom-Kaufmann. Ich bin stolz. »Mein Bernd«, denke ich.

STOLZ

Stolz, immer wieder dieses Wort: Stolz. Stolz auf Nicolas, stolz auf Bernd. »Stolz ist ein egoistisches Gefühl, eine große Zufriedenheit mit sich selbst. Hochachtung seiner selbst.« Weiter heißt es in einer Definition von Stolz, »Stolz ist eine subjektive Gewissheit, etwas Besonderes, Zukunftsträchtiges geleistet zu haben.« Ich bestätige mich selbst. Ich mache die Leistungen der Kinder zu meinen Leistungen.

Nach Beendigung seines Studiums braucht Bernd nicht nach einer Anstellung zu suchen. Sein Bruder bietet ihm eine Stelle in seiner neugegründeten Firma an. Bald wird er Teilhaber. Zu einem symbolischen Betrag kann er Anteile erwerben. Alles scheint gut. Sie haben eine gemeinsame Zeit nachzuholen, denke ich. Tüchtige Söhne, stolze Mutter

So viele Mühe und Gedanken, die Bernd sich mit Geschenken macht. Viele Elektrogeräte im Haus sind von ihm. Manfred und ich benutzen sie auch heute noch. Die Brotschneidemaschine und der Nespresso-Kaffeeautomat werden täglich gebraucht. Immer ist so die Erinnerung an den Sohn dabei. Als Krönung schleppt er zwei Fahrräder auf einer weiten Fahrt von Köln nach Neumünster. Weihnachtsgeschenke für Manfred und mich. Die größte Überraschung kommt noch. Nicolas ruft an, um »Frohe Weihnachten« zu wünschen. Zehn Minuten später ist er selbst da. Bernd hat das alles geplant. Für mich. Habe ich mir auch so viele Gedanken um ihm gemacht? Wieder bin ich stolz. Liebe Söhne.

Freundinnen hat er immer. Häufig besondere Mädchen. Keck, schön, unabhängig. Er ist jetzt einer der Firmenchefs. Er hat es geschafft. Mit Einsatz, Energie und Können riskiert er den Börsengang am Neuen Markt. Sein Bruder, die Nr. 1 in der Firma, hat Bedenken. Aber Bernd schafft es.

Zu seinem Bruder sagt er: Jetzt sind wir quitt. Er bleibt der Zweite. »Es war auch viel Pech dabei«, schreibt er in seinem Abschiedsbrief. Welches Pech hat er gemeint? War nicht viel mehr »Glück« dabei. Er hat geschafft, was er sich vorgenommen hat, auch gegen das Zögern seines Bruders. Er hat eine sehr nette Freundin. Es scheint etwas Festes zu sein. Die beiden ziehen zusammen. Auch die Eltern lernen sich kennen. Mir gefällt sie. Sie ist gestanden, tüchtig, hübsch. Alles scheint zu passen. Doch Bernd trennt sich, kehrt wieder zurück. Trennt sich endgültig von dieser besonders netten Frau. Er beginnt dann, zielgerichtet zu suchen. Er erzählt mir, dass er an einem Date teilgenommen hat, bei dem jeder fünf Minuten Zeit hatte mit einem Teilnehmer, einer Teilnehmerin zu reden. Dann kam die nächste Dame, der nächste Herr an die Reihe. Das brachte wohl wenig. Er suchte dann im Internet.

Ich denke, dass er doch in der Firma umgeben ist von sehr netten, jungen Frauen. Ist denn keine für ihn dabei? Aber plötzlich gibt es doch eine aus der Firma. Petra ist Personalchefin, Ärztin. Bernd reist mit ihr nach Neumünster. Er stellt sie uns vor. Er erzählt mit Stolz in der Stimme, dass die Werbung um Petra nicht einfach war. Er hatte Karten besorgt für ein Konzert, von dem er wusste, dass Petra es gerne hören wollte. Bei der Verabredung erschien sie nicht. Er war empört, verletzt, traurig. Er erzählt das lachend. Wir lachen alle über diese Geschichte. Petra sagt, sie habe die Verabredung schlicht vergessen, nicht so ernst genommen. Ich denke, dass es gut und richtig ist, dem Chef nicht hinterherzulaufen, sondern es ihm schwer zu machen. Heute sehe ich das anders. Irgendwie war das ein Schlüsselerlebnis. Genau so geht sie heute mit der Familie von Bernd um. Sie »vergisst« Einladungen, beantwortet weder Briefe noch Mails, bedankt sich nicht für Geschenke. Sie verweigert im Grunde jeden Kontakt. Ein einziges Mal sehe ich sie und den kleinen Enkel wieder. Sie erscheint zum Geburtstag von Nicolas. Das wird ein gelungener Nachmittag. Sie fragt mich bei der Ankunft viele Male, ob ich ihr verziehen hätte. Ich weiß nicht genau, was sie damit meint. Ich wundere mich.

Bernd ist 42 Jahre alt, als er sie im September 2007 heiratet. Eine glanzvolle Hochzeit. Die Trauung findet im Garten eines Hotels statt. Viele junge Gäste. Braut und Bräutigam fahren im Porsche vor, den mein Sohn sich mittlerweile gekauft hat. Die beiden Mütter sollen eine Rede halten. Auf den Sohn und auf die Tochter. In mir geistert noch der Satz vom nie gekannten Familienleben im Kopf herum. Ich schenke ihm eine Ahnentafel und stelle ihm seine Ursprungsfamilie vor. Petra und Bernd haben ein sehr schönes großes Haus gemietet. Petra, Bernd, Manfred und ich sitzen auf der Terrasse. Bernd grillt mit viel Umsicht Köstliches. Im Hintergrund leuchtet eine weiße Frauengestalt aus dem Grün des Gartens. Eine Statue, die zum Haus gehört. Es ist ein lauer Sommerabend. Ich genieße die Atmosphäre. Fanny und Nicolas mit momentaner Freundin werden noch erwartet. Familie. Die Welt scheint in Ordnung. Die Familie redet über die bevorstehende Hochzeit. Ich finde, dass 42 Jahre schon ein fortgeschrittenes Alter zum Heiraten sei. Wir suchen nach Erklärungen. »Die Nachgeborenen heiraten eben später«, »die Richtige wurde nicht früher gefunden«. »Ich habe schließlich nie eine richtige Familie kennengelernt«, sagt Bernd ganz unvermittelt. Der Satz tut mir weh. Sich nur nicht verteidigen.

Die beiden möchten unbedingt ein Kind. So ohne weiteres klappt das nicht. Bernd erzählt mir, dass er sich habe untersuchen lassen. Seine Samen seien zu langsam. Ich freue mich, dass er soviel Vertrauen zu mir hat. Die beiden versuchen eine künstliche Befruchtung. Sie klappt auf Anhieb. Das Glück scheint vollkommen. Das Kind wird geboren. Ein kleiner Junge. Ein schönes, gesundes Kind. Ich würde die kleine Familie gerne unterstützen. Petra zieht ihre eigene Mutter vor. Ich habe das auch getan. Trotzdem bin ich traurig. Das Kind schreit viel. Bernd zieht aus dem Schlafzimmer aus. Das Haus ist groß genug. Neben Petras Bett gibt es eine Schlafinsel für das Kind. Petras Mutter schläft im großzügig eingerichteten Kinderzimmer nebenan. Die Mutter ist berufstätig. Irgendwann muss sie wieder arbeiten. Ich biete mich wieder an. Ich bin nicht gefragt. Nun kränkt es mich. Bernd erzählt, dass Petras Mutter ihre Berufstätigkeit aufgeben und zu ihnen ziehen wolle. Er sagt: Ich habe das abgelehnt. Ich will nicht die Verantwortung für noch einen Menschen tragen. Für mich hört es sich an, als ob er eine Bestätigung für sein Handeln braucht. Ich bestätige ihn. Dann möchte Petra eine »Nanny« einstellen, einen Gärtner. Die Situation in der jungen Familie scheint mir angespannt, so viele Ansprüche. Armer Sohn, denkt ich plötzlich.

Umso weniger verstehe ich, dass Petra – Bernd geht es offensichtlich sehr schlecht – ihn die Woche vor seinem Tod allein lässt. Als sie mit der gesamten Mannschaft ihrer Familie am Sonntag wieder nach Hause kommt, und ihre Familie zu einem Spaziergang aufbricht, fährt Bernd in die Firma, schreibt einen Abschiedsbrief und hängt sich im Medienkeller der Firma auf. Ich weiß, dass das ein bitterer, vorwurfsvoller Satz ist. Ich habe auch fast sechs Jahre gewartet, ehe ich solche Gedanken zuließ. Direkt nach dem Tod von Bernd mache ich einen letzten Besuch bei Petra. Ihre Mutter ist – wie meist – auch da. Die beiden Mütter sind zunächst allein. Petras Mutter beginnt mit Vorwürfen über die Kindheit von Bernd. Ich wehre mich mit dem Satz: »Wer ohne Schuld ist, werfe den ersten Stein.« Das ist der Anfang vom Ende jeder normalen Beziehung zum Enkelkind und zu der Schwiegertochter. Es gibt noch zwei Begegnungen. Eine dieser Begegnungen verläuft sehr unglücklich. Petra hat einen Treffpunkt in einem Möbelhaus vorgeschlagen. Am Sonntag haben Möbelhäuser gewöhnlich geschlossen. Petras Mutter will nicht, dass ich in die Wohnung der beiden Frauen komme. Wir sitzen dann in einer dunklen, rauchigen, kalten Kneipe. Entsprechend verläuft auch das Gespräch. Die zweite Begegnung findet anlässlich eines Geburtstages von Nicolas statt. Dort haben Petra und Anna ein sehr nettes Gespräch, einen netten Nachmittag. Der kleine Enkelsohn ist überwiegend mit Manfred beschäftigt. Seitdem gibt es keinen Kontakt mehr. Auf die letzte Einladung von Nicolas meldet sich Petra nicht einmal. Ähnlich geht es dem Geschiedenen.

Ich habe mich viele Jahre mit Schuldgefühlen geplagt. Zwei Pastorinnen haben mir zunächst geholfen. Die beiden sprechen mich von Schuld frei. Das hilft natürlich nicht. Dazu saßen die Schuldgefühle zu tief. Dann finde ich eine Journalistin und ich schreibe mir in einem Buch – später lasse ich es auch drucken – meine Schmerzen und Fragen, meine Schuld von der Seele. Dazu schreibt die Journalistin viel später über ihre Zusammenarbeit mit mir: Sich diesem Trauerprozess auszusetzen, forderte Mut und Kraft von beiden Frauen. Für mich war das eine wertvolle Begegnung. Obwohl schon die Treffen sehr kraftraubend waren, setzte ich mich nach einer kleinen Pause wieder an den Rechner und schrieb weiter an dem Manuskript. Mit eiserner Disziplin. Warum darüber schreiben? So etwas Persönliches? Im Rahmen unserer Arbeit haben wir auch viel zum Thema Selbstmord recherchiert. Die Zahlen sind erschreckend. Uns war vorher nicht klar, wie viele Menschen in Deutschland jährlich den Freitod wählen. Und welches Leid, das bei den Angehörigen hinterlässt. Darüber zu schreiben, kann nicht nur eine

237

eigene Trauerbewältigung sein, sondern anderen Betroffenen helfen. Mein Buch ist ein Signal, dass es immer weiter geht. Auch wenn man es in den dunkelsten Stunden nicht glaubt. Nie mehr Licht und Lachen sieht. Sich aus der Dunkelheit herausschreiben. Manchmal reicht es auch, dass nur für sich zu tun. Ich war noch nie eine, die sich versteckt hat.

Das Buch wird fertig. Ich will 50 Exemplare haben. Der Medienmann überredet mich zu 100 Exemplaren. Ich folge ihm und verschenke 40 davon an sehr gute Freundinnen und Freunde und einige Verwandte. Die Rückmeldungen sind überwältigend. Von der Germanistin, über die Psychologin, den Journalisten, den Freundinnen, alle, alle hatten das Buch in einer Nacht gelesen. Es gibt auch einige Rückmeldungen, die mir vorwerfen, ich mache den Leser, die Leserin zum Voyeur. Das ist wohl richtig. Es gibt viele Menschen, die in sich sehr verschlossen sind und für sie ist so viel Offenheit eine Provokation. Ich verstehe das.

Im Mai ist Bernd sieben Jahre tot. Seit kurzem geht es mir besser. Ich muss nicht bei einigen Musikstücken sofort in Tränen ausbrechen, die schlaflosen Nächte, die schweren Träume kommen nicht mehr so häufig. Ich kann auch wieder lachen. Aber ich weiß, der Verlust des Sohnes wird mich bis zu meinem eigenen Tod begleiten.

Nachhallerinnerungen

Manfred und ich haben seit 35 Jahren ein Abonnement in der Musikhalle in Hamburg für die Sonntagskonzerte des NDR-Sinfonieorchesters. Diese finden in der Regel einmal im Monat am Vormittag von 11 – 13 Uhr statt.

Es ist Sonntag, der 12. Februar 2012. Fast vier Jahre sind seit Bernds Tod vergangen. Es wird Dvorak, ein Heldenlied, gespielt. Es folgt ein Stück, für das ein sehr bekannter Trompeter angekündigt ist. Hakan Hardenberger. Der Komponist Rolf Martinson hat für ihn dieses Konzert für Trompete und Orchester (Nr. 1 op. 47) im Kahr 1998 geschrieben: BRIDGE.

In diesen Konzerten passiert es immer wieder, dass die Erinnerungen an meinen Sohn und meine Trauer um ihn so stark wird, dass ich meine Tränen nicht aufhalten kann und sie unkontrolliert über meine Wangen rollen. Als die Musik von BRIDGE ertönt, merke ich, dass ich wegtauche. Die Musik überflutet mich. Nur noch Gedanken an Bernd. Manfred erzählt ihr später, dass während dieser Zeit eine Frau zwei Reihen vor den beiden abtransportiert werden musste. Ich kann das nicht glauben. Ich habe es nicht wahrgenommen.

Zu Hause habe ich dann ein Gedicht geschrieben, das meine Situation in diesen wenigen Minuten wiedergibt:

BRIDGE

Nach der Musik von Rolf Martinson

Sonntagskonzert in der Laiez-Halle Hamburg am

Sonntag 12. Februar 2012

Solotrompete Hakan Hardenberger

Schwermütig, schleppend

fordernd und klagend

betrauern Töne den toten Sohn

landen im Kopf als Erinnerungssplitter

bilden dort Inseln aus brüchigem Eis,

wollen nicht tragen, lassen mich fallen,

Schmerzen landen in Kopf und Geist

lösen mich auf. Wer bin ich und wo?

Auflehnend schrill, Aufmerksamkeit fordernd,

Solotrompete drängend und laut,

pochend und klopfend mahnen die Hörner,

lassen mich fallen, wecken mich auf.

Presto reisst mit, schnell und lebendig,

holt mich zurück, hält mich im Bann.

Wieder im Diesseits löst sich die Spannung.

Bin wieder da und fasse Dich an.

Kämpferisch

Tüchtig sein und kämpfen, besser sein als andere, kämpfen mit meinen Angeheirateten, kämpfen um Gerechtigkeit, kämpfen gegen Vorurteile, kämpfen wohl auch gegen mich selbst. Ich kämpfe wieder. Ich kämpfe mit meinem Mann über die Flüchtlingspolitik. Ich kämpfe mit der hiesigen Zeitung über Gleichberechtigung. Der Rat der Stadt hat beschlossen, dass in der nächsten Zeit neue Straßen nach erfolgreichen, gestandenen Frauen benannt werden. Die örtliche Presse ist der Meinung, dass jetzt erst einmal nach tüchtigen Männern eine Straße benannt werden müsse. Frauen fallen ihr nicht ein. »Dann kann man die Straße ja gleich Daisy -Duck -Straße nennen.« Eine Frechheit. Darauf schreibe ich mit drei anderen Frauen einen Leserbrief, in dem wir bekannte Frauen wie Elisabeth Selbert, Elisabeth Schwarzkopf, Alice Schwarzer oder Rosa Luxemburg und Clara Zetkin vorschlagen. Zum Internationalen Frauentag werden wir bei einer Veranstaltung des Seniorenbüros diese Frauen vorstellen. Elisabeth Selbert, die 1949 für den Satz »Männer und Frauen sind gleichberechtigt« für die Aufnahme im Grundgesetz kämpfte. Sie schaffte das, sogar gegen den Widerstand einer anderen Bundestagsabgeordneten, wurde ins Grundgesetz unter Artikel 3 ins Grundgesetz aufgenommen. Elisabeth Schwarzkopf hat gegen ihre Partei, die CDU, das Ehe- und Familienrecht revolutioniert. Frauen wurden aus der Abhängigkeit des Ehemannes befreit. Jedenfalls erstmal auf dem Papier.

27. Oktober 2017

Heute ist Ben, der Sohn von Bernd, acht Jahre alt geworden. Nicolas, der einzige in der Familie der Kontakt hat, schickt mir ein Foto. Ein sehr hübscher, schwarzhaariger Junge. Er hat wenig Ähnlichkeit mit meinem Sohn. Ich schaue das Bild minutenlang an. Ich freue mich. In Ben lebt Bernd weiter. Dass wir gar keinen Kontakt haben, ist schlimm. Ich verdränge es, soweit es geht. Der Schmerz um den Sohn ist trotzdem ständiger Begleiter, auch nach mehr als sieben Jahren. Darf ich auch wieder froh sein, lachen, sogar Momente von Glück erleben? Ich darf. Und es passiert. Ich lache viel und gern. Ich habe Freundinnen, mache ehrenamtliche Arbeit, freue mich an meinem lebenden Sohn und den Bauernhof. Das Leben kann so schön sein. Gerade sind Manfred und ich von der Apfelernte zurückgekommen. Eine arbeitsreiche, intensive Zeit. Beide Enkelkinder haben uns besucht. Dabei hatte ich auch intensive Gespräche mit Kathi. Sie ist 21 Jahre und Studentin der Germanistik, Geschichte und Spanisch. Eine ganz neue Generation mit anderen Werten. Aufgewachsen im Wohlstand. Heiraten?
»Bloß nicht Oma. Jetzt sind erst einmal Studium und Beruf an der Reihe.« Kein fester Freund. Männer? »Nee, erst einmal habe ich die Nase voll.« Sie hatte mit 16 Jahren ihre erste Lie-

be. Der junge Mann lief zweigleisig. Sie ist eine sehr hübsche, kluge junge Frau. Ohne Schwierigkeiten geht es natürlich auch in dieser Generation nicht. Eine behütete Kindheit, eine Schullaufbahn ohne Probleme. An der Uni hat sie sehr schnell einen Hiwi-Job bekommen. Sie hat gemeinsam mit einer Kommilitonin eine Wohnung gemietet. Die Eltern zahlen die Miete, Großeltern leisten auch einen kleineren Beitrag. Trotzdem scheint es nicht so leicht zu sein. Ein Hauch von Traurigkeit überschattet manchmal ihr Gesicht. Aber vielleicht bilde ich mir das auch nur ein. Im ZEIT-Magazin lese ich, dass Männer bis 50 Jahren Frauen bis 23 Jahren als besonders attraktiv empfinden.

Ich kenne Scharen von alleinerziehenden Müttern und nur ganz wenig alleinerziehende Männer. Wann ist Frau zu »alt« für einen Mann? Dass ich mich in den 70er Jahren ausgerechnet in einen verheirateten Mann mit zwei kleinen Kindern verliebte, meinen Ehemann regelrecht vorführte und meine Kinder vernachlässigte ist mir heute fast unverständlich. Und doch ...

Wenn wir auf dem Bauernhof meines Sohnes sind, machen wir, so oft es geht oder das Wetter es zulässt, eine Runde zum nächsten Dorf und wieder zurück. Am Wegrand stehen zwei Eichen. Sie sehen aus, wie ein Paar. Sie streben nach oben und die Kronen sind ineinander verflochten. Immer bleiben wir stehen. Wir stellen uns vor, dass das wir beide sind. Manfred und Anna. Diesmal haben wir uns fotografieren lassen. Manfred und ich leben eine vertraute, liebevolle Zweisamkeit. Wir streiten viel. Immer noch und vor allem über unterschiedliche Vorstellungen in der Politik.

Aber unser Leben ist abwechslungsreich. Langeweile kennen wir nicht. Einer befruchtet den anderen. Sex haben wir nicht mehr. Mir fehlt er nicht. Wie es ihm damit geht, weiß ich nicht. Darüber reden wir nicht.

Epilog

»Gustav-Adolfs-Page«, so nannte mich ein Trainer in einer Zusatzausbildung. Gustav-Adolfs-Page? Natürlich las ich die Novelle von C.F. Meyer noch einmal. Unlängst habe ich mir auch den Film mit Curd Jürgens und Lieselotte Pulver angesehen. Der Page ist eine Frau, die als Mann verkleidet dem König-Gustav-Adolf dient. Die dient ihm bis in den Tod. Entschärft habe ich mein Buch genannt. Weitgehend handelt es sich um eine Biografie. Der Trainer hatte wohl recht mit seiner Rückmeldung. Ich habe viel mit mir machen lassen, viel ertragen, getragen. Zu viel?

Danke

Mein Dank gilt Alexandra Brosowski für die liebevolle Begleitung beim Schreiben. Ich danke Ihr auch für den Trost, für das
Mut machen und Ihre fachliche Kompetenz bei der Manuskrip-
terstellung.

Gisela danke ich für die gründliche und genaue Korrekturar-
beit.